JN123106

コンパクト昇任試験

基礎4法
択一問題集
第4次改訂版

昇任試験法律問題研究会・編

公職研

　本書を手にとってくださってありがとうございます。

　本書は、昇任・昇格試験に取り組んでおられる地方自治体の職員の皆さんに、主要４科目について、一通りの学習が終わった成果を、日頃においても、そして何より試験直前に、いかに効率よく、しかも得点につながるように、再確認してもらうことができるかということに重点をおいて企画したものです。

　その最大の特徴は、地方自治法・地方公務員法・憲法・行政法の主要４科目の合計100問を一冊の問題集にまとめたことです。問題数を絞り込むことは勇気のいることでしたが、逆にそれが出題頻度の高い、かつ、得点につながる問題を選択することにつながっており、そのような問題を集めることができたと自負しています。いわば珠玉の100問です。

　また、解説については、問題の肢の解説に止めず、当該問題のテーマとなっている項目について、知識チェックができるよう、コンパクトな形でポイントを整理するよう心がけました。その問題を解くことで、ついでに、そのテーマ全体のポイントも復習・確認できるというわけです。

　こうした工夫を懲らした本書が、皆さんにとって、日頃の学習の成果を確認する検査キットとなり、また、試験直前の効果的サプリメントとなってくれるのであれば、嬉しい限りです。

　法改正を踏まえ、毎年度選択問題の見直しを行っていくつもりです。また、解説も、まだまだ工夫の余地があると思っています。問題・解説について、読者の皆様からご意見をいただければ幸いです。ニーズにお応えできるよう精進する所存です。

昇任試験法律問題研究会

　平成27年9月の初版発刊から、平成29年、令和元年、同4年と三度の改訂を行ってまいりましたが、今般、第四次改訂版を発刊する運びとなりました。

　微力ながら、9年にわたり、4度の改訂を行い、昇任試験の受験・合格を目指す皆様のお役に立てることは、私どもの喜びであり、誇りでもあります。この場を借りて、心より、感謝を申し上げます。なお一層皆様のお力になれるよう、精進してまいります。

　今回の改訂は、第三次改訂後の地方自治法、地方公務員法等の改正の内容を反映させること及び各科目についての問題のリニューアルを主な内容としています。

　主な改正事項としては、地方自治法では、議会に対する通知等のオンライン化、指定公金事務取扱者制度の導入であり、地方公務員法では、国家公務員の定年制の見直しに伴ういわゆる役職定年制の導入及び再任用制度の見直しに関する事項です。

　改正事項が書かれた頁には、左上にインデックスを付しています。令和5年施行の場合は R5 を、令和6年施行の場合には R6 を付しました。

　なお、令和5年4月に施行された「個人情報保護法の改正」は、「情報公開等」の項目で紹介しています。本書の性格上、わずかな紹介としていますが、地方自治体の事務や個人情報保護条例のあり方に影響を及ぼすこととなることから、詳しい内容についても、是非、関心をもっておいていただきたいことを付言させていただきます。

　最後に、引き続き、適時適切な改訂を心掛けてまいる所存でございますので、今後とも、ご利用いただけますよう、お願い申し上げます。

　令和6年2月

昇任試験法律問題研究会

目 次

《地方自治法》

《行政法》

問題 地方自治法に定める地方公共団体の事務に関する記述として、妥当なものはどれか。

1. 普通地方公共団体は地域における事務を処理することとされ、国が地方公共団体が処理する事務を法令で定めることはできない。

2. 市町村は基礎的な地方公共団体として地域における事務を処理し、都道府県は市町村を包括する地方公共団体として市町村に関する連絡調整に関する事務だけを処理するので、都道府県と市町村の事務が相互に競合することはあり得ない。

3. 法定受託事務には、都道府県が本来果たすべき役割に係る第一号法定受託事務と、国が本来果たすべき役割に係る第二号法定受託事務とがあり、普通地方公共団体は、法令に違反しない限り、どちらについても条例を制定できる。

4. 地方公共団体は、その事務を処理するに当たっては、住民の福祉の増進に努めるとともに、最少の経費で最大の効果を挙げるようにしなければならない。

5. 市町村の自治事務の処理が法令の規定に違反していると認める場合は、各大臣は、直接市町村への是正の要求及び勧告を行うことはできないが、都道府県に対し、市町村への是正の要求及び勧告を行うよう指示することはできる。

地方自治法の総則からは出題頻度の高い「地方公共団体の事務」を取り上げた。

総則の他の事項についてポイントだけ指摘しておく。

〔**地方自治法の目的**〕（1条）

・地方自治の本旨（憲法92条。住民自治・団体自治）

・民主的にして能率的な行政の確保。

・地方公共団体の健全な発達を保障。

〔**地方公共団体の役割**〕（1条の2第1項）

・住民福祉の増進を図ることを基本。

・地域における行政を自主的かつ総合的に実施。

〔**国との役割分担**〕（1条の2第2項）

・国は、国が本来果たすべき役割を重点的に担う。

・住民に身近な行政は地方公共団体に委ねる。

　地方公共団体の事務の基本原則については、2条に規定されている。自治事務と法定受託事務についてきちんと理解することが重要である。

1．妥当でない。普通地方公共団体は、地域における事務及びその他の事務で法令により処理することとされているものを処理する（2条2項）。

2．妥当でない。2条2項〜6項。

3．妥当でない。第一号法定受託事務と第二号法定受託事務の説明が逆である。なお後段は正しい（14条1項）。

4．妥当である。2条14項。

5．妥当でない。各大臣は、緊急を要するときその他特に必要があると認めるときは、自治事務について、直接市町村への是正の要求を行うことができる（245条の5第4項）。

正解は4

地方自治法に定める普通地方公共団体の区域に関する記述として、妥当なものはどれか。

1. 都道府県の廃置分合又は境界変更において財産処分を必要とするときは、法律に特別の定めがある場合を除き、関係地方公共団体が協議してこれを定める。この協議については関係地方公共団体の議会の議決を経る必要はない。

2. 市町村の廃置分合又は境界変更は、関係市町村の議会の議決を経て、都道府県知事に届け出ることとされ、都道府県知事の告示によって効力を生じる。

3. 法律で別に定めるものを除く外、従来どの地方公共団体の区域にも属しなかった地域を都道府県又は市町村の区域に編入する必要があると認めるときは、内閣がこれを定めなければならない。

4. 市町村の境界に関し争論があるときは、都道府県知事は、関係市町村の申請がなくとも職権により自治紛争処理委員の調停に付することができる。

5. 市町村の境界に関する都道府県知事の裁定に不服があるときは、関係市町村は、当該都道府県知事に対して異議を申し出ることはできるが、裁判所に出訴することはできない。

解説 普通地方公共団体の通則では、普通地方公共団体の区域とその変更等について定められている。

〔区域の意義〕
　・普通地方公共団体の場所的構成要件
・人的構成要件（住民）及び法制度的構成要件（自治権や法人格）とともに、普通地方公共団体の基本的構成要件

〔区域の変更〕
・廃置分合：普通地方公共団体の新設又は廃止を伴う合体、編入、分割、分立の４つ（法人格の変更を伴う）
・境界変更：普通地方公共団体の新設廃止を伴わない（法人格の変更を伴わない）。
　（注）合併は、地方自治法上の用語ではなく、２以上の普通地方公共団体の団体数の減少を伴う①新設、②区域の編入を併せた用語。

　なお、都道府県知事は、市町村がその規模の適正化を図るのを援助するため、市町村の廃置分合又は市町村の境界変更の計画を定め、これを関係市町村に勧告することができる（８条の２第１項）。

1．妥当でない。協議について関係地方公共団体の議会の議決を経なければならない（６条３項・４項）。

2．妥当でない。市町村の廃置分合又は境界変更は、関係市町村の申請に基づき、都道府県知事がその議会の議決を経て定め、直ちにその旨を総務大臣に届ける。総務大臣は直ちにその旨を告示し、告示によって効力を生じる（７条１項・６項～８項）。

3．妥当である。いわゆる未所属地域の編入である。７条の２第１項。

4．妥当でない。市町村境界争論については、都道府県知事は、関係市町村の申請に基づき、自治紛争処理委員の調停に付することができる（９条１項）。

5．妥当でない。都道府県知事に対して異議を申し出ることはできないが、裁判所に出訴することができる（９条８項）。

正解は３

問題　普通地方公共団体の住民に関する次の記述として、妥当なものはどれか。

1. 市町村の区域に住所を有する者は、その市町村とこれを包括する都道府県の住民であり、一時的な災害避難者も住民となる。

2. 住民は、その属する普通地方公共団体の役務を等しく受ける権利を有し、その負担を分任する義務を負う。

3. 地方公共団体の住民であるためには、自然人であることと日本国民であることが必要である。

4. 地方自治法では、市町村は、別に法律で定めるところにより、その住民につき、住民たる地位に関する正確な記録を常に整備しておかなければならないと規定されており、この規定により「戸籍法」が制定されている。

5. 住民は、その国籍を問わず、地方公共団体の自治行政に参与する権利を有する。その主なものは、選挙権・被選挙権及び直接請求権である。

解説 住民の意義及び住民の権利義務に関する問題である。地方公共団体は、住民の福祉の増進をその存立目的としており（１条の２第１項）、地域に居住する住民は、地方公共団体のいわば主権者であり、かつ、その提供役務の受益者である。

1. 妥当でない。前半は正しい（10条１項）。住所を有するというのは「生活の本拠」があるということを意味するので（民法22条）、一時的な滞在者は住民ではない。

2. 妥当である。10条２項。行政サービスの提供としては、公の施設の利用、保険給付、各種福祉の享受、貸付制度の利用などがある。他方、住民は、行政サービスに必要な経費を分担する義務、すなわち、地方税の納税義務や受益者負担金の支払いなどの負担を分任する義務を負う。

3. 妥当でない。住民は、市町村の区域に住所を有する者であって、自然人であると法人であるとを問わないし、また、国籍、年齢などを問わない。

4. 妥当でない。前半は正しい（13条の２）。「戸籍法」ではなく、「住民基本台帳法」である。

5. 妥当でない。住民であるかどうかについては、国籍は問わないが（肢３の解説参照）、選挙権・被選挙権・直接請求権については、「日本国民たる普通地方公共団体の住民」と規定されており、日本国籍を有しない者はこれらの権利を有しない（11条〜13条）。

正解は2

問題　普通地方公共団体の定める条例に関する記述として、妥当なものはどれか。

1．普通地方公共団体は、法令に違反しない限り、自治事務についても、法定受託事務についても、条例を制定することができる。

2．普通地方公共団体は、法令により具体的な委任を受けなければ、条例により、住民に義務を課し、又は権利を制限することはできない。

3．普通地方公共団体は、長の専属的権限に属する事項は、条例により定めなければならないが、法令に定めがある場合、規則によっても定めることができる。

4．条例の効力の及ぶ範囲は、条例を定めた普通地方公共団体の区域内に限られ、いかなる場合においても、条例の効力が区域外に及ぶことはない。

5．罪刑法定主義に照らし、条例中に、条例に違反した者に対する罰則を規定することはできないこととされている。

憲法94条は、地方公共団体が自治権に基づいてその事務に関して自ら条例や規則を定める権能（自治立法権）を定めている。条例・規則は、出題頻度が高い。

〔条例についてのポイント〕

(1) 所管：法令に違反しない限りにおいて、2条2項の事務に関し、条例を制定することができる（14条1項）。なお、住民等の権利義務に関わる事項については、法令に特別の定めがある場合を除き、条例で定めることが義務付けられている（14条2項）。

(2) 罰則：条例中に、条例に違反した者に対する罰則を設けることができる（14条3項）。

(3) 制定手続
　①条例案の提案：普通地方公共団体の長並びに議会の議員及び委員会が提案権を有する（109条6項、112条1項、149条1号）。
　②議会の議決（96条1項1号）
　③議決の日から3日以内に普通地方公共団体の長に送付され、長は、再議その他の措置を講じた場合を除き、送付を受けた日から20日以内に公布しなければならない（16条1項・2項）。原則として公布の日から起算して10日を経過した日から施行される（16条3項）。

(4) 効力：地理的効力は原則として普通地方公共団体の区域内。人的効力は原則として区域内にある全ての人。

1．妥当である。14条1項。

2．妥当でない。14条2項。

3．妥当でない。長の専属的権限に属する事項は規則で定める（15条1項）。

4．妥当でない。地理的効力には例外がある。例えば、公の施設をその普通地方公共団体の区域外に設置する場合。

5．妥当でない（14条3項）。　　　　　　　　　　　正解は1

問題 地方自治法における選挙に関する記述として、妥当なものはどれか。

1．普通地方公共団体の長及び議会の議員の選挙については、憲法93条2項を受けて、選挙の手続等が詳細に地方自治法に規定されている。

2．年齢満18年以上で引き続き3か月以上市町村の区域内に住所を有する者は、日本国民に限らずとも、当該市町村の議会の議員の選挙権を有する。

3．年齢満25年以上の日本国民が市町村長の被選挙権を有するためには、引き続き3か月以上、当該市町村の区域内に住所を有していなければならない。

4．年齢満30年以上の日本国民は、都道府県の区域内に住所を有していなくても、当該都道府県の知事の被選挙権を有する。

5．普通地方公共団体の長及び議会の議員の選挙については、有権者の関心を高め、選挙を円滑に執行するため、全国的に統一して行う「統一地方選挙」と呼ばれる仕組みがあり、地方自治法にその根拠が定められている。

解説 地方自治の本旨である「住民自治」に係る諸制度として、普通地方公共団体の長及び議会の議員の選挙、直接請求、住民投票、住民監査請求・住民訴訟をあげることができる。それぞれ重要な項目であるが、本問は選挙についてである。

〔選挙制度のポイント〕
・憲法93条2項を受け、議会の議員及び長は住民の直接選挙による（17条）。
・選挙権を有するのは、①日本国民であり、②年齢満18年以上であり、③引き続き3か月以上市町村の区域内に住所を有する者である（18条、公職選挙法9条2項〜5項）
　　（注）一度③の要件を満たした後であれば同一都道府県内で住所を移しても都道府県の選挙の選挙権は失わない。
・被選挙権は、
　①都道府県の議会の議員及び市町村の議会の議員：当該議会の議員の選挙権を有する者で年齢満25年以上の者
　②都道府県知事：日本国民で年齢満30年以上の者
　③市町村長：日本国民で年齢満25年以上の者（以上19条、公職選挙法10条1項3号〜6号）
　　※都道府県知事・市町村長の被選挙権には、住所要件なし。広く人材を求める趣旨とされる。
・選挙の手続等は公職選挙法に定められている。
・統一地方選について地方自治法には定めはなく、そのつど「普通地方公共団体の議会の議員及び長の選挙期日等の臨時特例に関する法律」が制定される。
1．妥当でない。公職選挙法である。
2．妥当でない。日本国民に限られる。
3．妥当でない。住所要件はない。
4．妥当である。
5．妥当でない。地方自治法に根拠はない。　　　　正解は4

問題 地方自治法に定める直接請求に関する記述として、妥当なものはどれか。

1．条例の制定改廃の請求は、選挙権を有する者の一定数以上の連署をもって、当該普通地方公共団体の長に対して行われる。議会を招集するかどうかは、請求を受理した長の裁量判断に委ねられている。

2．地方公共団体の公務員は、条例の制定又は改廃の請求者の署名に関し、その地位を利用して署名運動をした場合であっても、罰則規定の適用を受けることはない。

3．事務の監査請求は、選挙権を有する者の一定数以上の連署をもって、特定の事務の執行の適否について、請求の代表者が普通地方公共団体の長に対して行う請求である。

4．議会の解散請求は、選挙権を有する者の一定数以上の連署をもって、請求の代表者から当該議会の議長に対して行われ、請求に基づく住民投票で過半数の同意があったときに議会は解散する。

5．主要公務員の解職請求があったときは、普通地方公共団体の長は、議会に付議し、議会において議員の3分の2以上の出席で、その4分の3以上の同意があった場合、当該公務員は失職する。

解説 直接請求制度は直接民主制の仕組みであり、間接民主制を基本とする地方自治行政において、住民の意思により欠陥を是正する手段として認められた制度である。

種類	署名数^{※1}	請求先	必要な措置
条例の制定改廃	50分の1以上	長	請求受理日から20日以内に議会を招集し、意見を付して、付議
事務監査		監査委員	監査委員による監査の実施
議会解散	3分の1以上^{※2}	選挙管理委員会	選挙人による投票、過半数の同意で解散
議員解職			選挙人による投票、過半数の同意で失職
長の解職			
主要公務員の解職		長	長は議会に付議、議員の3分の2以上の出席で、その4分の3以上の同意で失職

※1 署名数は、選挙権を有する者が母数。
※2 選挙権を有する者の数が40万を超える場合、80万を超える場合について、要件が緩和される（平成24年改正）。

1. 妥当でない。請求を受理した日から20日以内に議会を招集し、意見を付け議会に付議しなければならない（74条3項）。
2. 妥当でない。地方公共団体の公務員が、その地位を利用して署名運動をしたときは、罰則の適用がある（74条の4第5項）。
3. 妥当でない。監査委員に対して請求する（75条1項）。
4. 妥当でない。選挙管理委員会に対して請求する（76条1項）。
5. 妥当である。87条1項。

正解は5

> **問題**　地方自治法に定める事務の監査請求に関する記述として、妥当なものはどれか。

1．事務の監査請求は、当該普通地方公共団体の住民が、単独又は共同で当該普通地方公共団体の事務の執行について、監査を求める請求をいう。

2．事務の監査請求の対象となる事項は、当該普通地方公共団体の事務のうち、監査委員の職務権限である、財務の執行及び経営に係る事業の管理に限るとされる。

3．監査委員は、請求に係る事項につき監査し、合議をもって監査に関する報告を決定し、請求の代表者に送付しなければならない。一方、監査委員の合議により決することができない事項に関する各監査委員の意見は公表してはならないこととされている。

4．監査委員は、事務の監査請求に基づく監査の結果に関する報告のうち、普通地方公共団体の議会、長、教育委員会その他の委員会又は委員において特に措置を講ずる必要があると認める事項については、その者に対し、理由を付して、必要な措置を講ずべきことを勧告することができる。

5．事務の監査請求の代表者は、住民監査請求と同様、請求に基づく監査の結果やこれを受けて執行機関が実施した措置に不服がある場合には、裁判所に訴訟を提起することができる。

解説 直接請求のうち、事務の監査請求に関する問題である。事務の監査請求は、地方公共団体の事務の執行の実情を明らかにし、住民の監視と批判を通じて適正な行政運営を図ることを目的としている制度である。令和2年に、①監査委員の合議に至らなかった場合の取扱、②監査結果が有効に生かされるようにするための勧告について、改められたところである。

1. 妥当でない。事務の監査請求は、選挙権を有する者がその総数の50分の1以上の者の連署をもって、代表者から監査委員に対して行う（75条1項）。

2. 妥当でない。監査を請求できる事務に限定はない。

3. 妥当でない。前段は正しい（75条3項・4項）。監査委員は、監査の結果に関する報告の決定について、各監査委員の意見が一致しないことにより、合議により決定することができない事項がある場合には、その旨及び当該事項についての各監査委員の意見を事務監査請求の代表者に送付し、かつ、公表するとともに、これらを当該普通地方公共団体の議会及び長並びに関係のある行政委員会又は委員に提出しなければならない（75条5項）。

　　　これは、監査の透明性を高める観点から、合議に至らない場合であっても、監査の内容や監査委員の意見が分かるようにする必要があるとして、令和2年に導入されたものである。

4. 妥当である。199条11項。これは、第31次地方制度調査会の「監査を受けた者の監査に対する対応が不明確になっており、監査の結果が有効に生かされるよう、必要に応じて、監査委員が必要な措置を勧告できるようにし、監査を受けた者が説明責任を果たすような仕組みを設けることが必要である」旨の答申を受け、令和2年に導入されたものである。なお、勧告を受けた者の対応について定める199条15項も参照。

5. 妥当でない。直接請求としての事務の監査請求については、それを受けた訴訟提起の仕組みは設けられていない。

正解は 4

地方自治法

第2　普通地方公共団体── 7　議会①──組織

> **問題**　地方自治法に定める普通地方公共団体の議会の議員に対する記述として、妥当なものはどれか。

1. 議員の定数は、条例で定めることとされるが、地方自治法において定められている上限を超えてはならないとされる。

2. 議員は、普通地方公共団体の常勤職員と兼ねることはできないが、普通地方公共団体の短時間勤務職員又は非常勤の教育委員会の委員となることはできる。

3. 普通地方公共団体は、その議会における会派又は議員に政務活動費を交付することができる。交付を受けた会派又は議員はその収支報告書を議長に提出しなければならず、これを受けた議長はこれを公表しなければならない。

4. 議長に事故があるときは、副議長が議長の職務を行い、議長及び副議長にともに事故があるときは、仮議長を選挙し、議長の職務を行わせるとされる。

5. 副議長が辞職するときは、議会の開会中、閉会中を問わず、議会の許可を得る必要はなく、議長の許可のみが必要とされる。

解説　議会の組織については、議会の構成員である議員の定数、兼職の禁止、兼業の禁止（私企業からの隔離）、任期等が重要である。

〔議会の設置〕
　地方自治法は、「普通地方公共団体に議会を置く」と規定し（89条）、都道府県及び市町村・特別区には必ず議会が設置される。例外として、町村については町村総会という制度がある（94条）。

〔議員の定数〕
　条例で定める（90条、91条。かつては人口比例による上限数が法定されていたが、現在は、上限制は廃止されている）。

〔議員の任期〕　4年（93条1項）

〔兼職の禁止〕（92条等）
　主なものは、地方公共団体の長、国会議員、他の地方公共団体の議会の議員、地方公共団体の常勤の職員や短時間勤務職員、裁判官、教育委員会の教育長及び委員等。
　（注）一部事務組合の議会の議員と兼ねることはできる。

〔兼業の禁止〕（私企業からの隔離）（92条の2）
　議員は、一定の経済的ないし営利的業務への従事が制限される。兼業禁止の規定に該当するときは失職する。該当性の判断は議会が決定する（127条1項）〔37頁参照〕。

1．妥当でない。上限制は廃止された。
2．妥当でない。短時間勤務職員や非常勤の教育委員会の委員とも兼職は禁止されている。
3．妥当でない。政務活動費については、議長がその使途の透明性の確保に努めるものとすることが規定されている（100条16項）が、公表義務はない。
4．妥当である。106条。
5．妥当でない。議会開会中は、副議長は議会の許可を得て辞職する。議会閉会中は、議長の許可のみで辞職できる（108条）。

正解は4

問題 地方自治法に定める議会の権限に関する記述として、妥当なものはどれか。

1. 議会の議決の対象となる事項は、地方自治法において制限列挙されており、条例でその範囲を広げることはできない。

2. 議会は、当該普通地方公共団体の長の予算の提出権を侵さない限度において予算を減額する権限を有するが、予算の増額修正を行う権限は有していない。

3. 普通地方公共団体が訴えを提起する場合も、被告となり応訴する場合も、いずれについても議会の議決が必要である。

4. 議会は、当該普通地方公共団体の事務処理の適正をチェックするための検査権限を有しており、必要がある場合には、実地検査を行うこともできる。

5. 議会は、当該普通地方公共団体の事務に関する調査を行うことができ、特に必要があると認めるときは、関係人に対して出頭、証言を請求することができる。

解説 普通地方公共団体の議会の権限については、議決権、検査・監査請求権、調査権等が重要である。

〔議決権〕議会の有する最も基本的・本質的なもの。議会が議決すべき事項（議決事件）は、96条1項に制限列挙されている。なお、議会の議決すべき事件に関する条例を制定することにより、議会の議決すべきことを定めることができる（96条2項）。

〔検査・監査請求権〕普通地方公共団体の事務処理の適正をチェックするための権限（98条）。検査は基本的に書面による。実地検査が必要な場合は監査委員に監査を請求することになる。

〔調査権〕100条。正当な理由なく証言等を拒否した場合や虚偽の陳述には罰則が適用され（100条3項・7項）、調査の実効性を担保するための強制力が与えられている。

他に、選挙権（97条1項）、意見提出権（99条）、同意権（145条ただし書等）、請願受理権（124条、125条）などがある。

1. 妥当でない。条例で議決すべきことを定めることができる。
2. 妥当でない。長の予算の提出権を侵さない限り、増額修正できる（97条2項）。
3. 妥当でない。96条1項12号。
4. 妥当でない。議会の検査権は基本的に書面検査であり、これとは別に監査請求権を有しており、実地検査が必要な場合にはこれにより監査委員に監査を請求する（98条）。
5. 妥当である。100条1項。

正解は5

> **問題** 地方自治法に定める普通地方公共団体の議会の権限に関する記述として、妥当なものはどれか。

1. 議会は、条例の制定又は改廃に係る議案については、法令に特別の定めがある場合を除き、出席議員の過半数の議決によらなければならない。

2. 議会は、当該普通地方公共団体の事務に関する事件について、意見書を関係行政庁又は裁判所に提出することができるが、国会には提出することができない。

3. 議会における会派又は議員は、政務活動費の交付を受け、議会の議員の調査研究その他の活動に資するための経費に充てることができるが、政務活動費に係る収支の報告等を行う必要はないものとされている。

4. 議会は、当該普通地方公共団体の事務に関する調査を行うとき、関係人の証言を請求できるが、関係人が正当な理由なく拒否した場合の罰則はない。

5. 議会は、文書によって提出された請願を受理するが、複数の議員の紹介のある場合は、文書によらない請願も受理しなければならない。

解説 令和6年に、従来文書等で行うとされてきた議会に対する通知（請願書の提出、議案の提出等）と議会が行う通知（国会への意見書の提出等）について、一括してオンライン化を可能にする改正がされた（同年4月施行。オンライン化は義務ではなく議会の判断に委ねられており、オンライン化後も住民が文書等で提出することは可能）。

1．妥当である。116条1項。
2．妥当でない。意見書提出権（99条）は、議会が、当該普通地方公共団体の公益に関する事件につき、意見書を国会又は関係行政庁に提出することができるものである。
3．妥当でない。前段は正しい（100条14項）。後半は誤り。政務活動費に係る収入及び支出の報告書を議長に提出するものとされている（100条15項）。
4．妥当でない。調査権（100条）には、その実効性を担保するための強制力が与えられており、正当な理由のない証言等の拒否や虚偽の陳述には罰則が規定されている（100条3項・7項）。
5．妥当でない。複数の議員の紹介であっても文書による必要がある（124条）。

　　なお、普通地方公共団体の議会はその採択した請願で当該普通地方公共団体の長その他の執行機関等において措置することが適当と認めるものは、これらの者にこれを送付し、かつ、その請願の処理の経過及び結果の報告を請求することができる（125条）。

正解は1

問題 地方自治法が定める普通地方公共団体の議会の招集・会期に関する記述として、妥当なものはどれか。

1. 議会には、定例会と臨時会とがあるが、このうち定例会については、毎年4回招集すべきことが法定されており、条例で独自に回数を決めることはできない。

2. 議会の招集の権限は長に属するが、議員定数の4分の1以上の議員から会議に付議すべき事件を示して臨時会の招集の要求があったときは、長は、請求のあった日から10日以内に臨時会を招集しなければならない。

3. 議長は、議会運営委員会の議決を経て、当該普通地方公共団体の長に対し、会議に付すべき事件を示して臨時会の招集を請求することができ、請求を受けた長は、招集するよう努めなければならない。

4. 臨時会の招集請求を受けた長が臨時会を招集しないときは、議長は、長に対し再度の臨時会招集請求を行い、それでも長が臨時会を招集しない場合に、議長が臨時会を招集することができる。

5. 普通地方公共団体の議会は、条例で定めるところにより、定例会及び臨時会とせず、毎年、条例で定める日から翌年の当該日の前日までを会期とすることができる。

解説 議会の招集については、長に招集権があることを前提に、国会との比較という点からも、①議長の臨時会招集請求権及び少数議員による臨時会招集請求権とこれに対する長の招集義務並びに②議長の臨時会招集権・臨時会招集義務に留意する必要がある。また、会期については、通年議会制度に留意する必要がある。

1. 妥当でない。定例会は、毎年、条例で定める回数、開会しなければならないとされ（102条2項）、招集回数が法定されているわけではない。

2. 妥当でない。少数議員による臨時会招集請求権（101条3項）とこれに対する長の招集義務（同条4項）に関する問題である。長は、請求のあった日から「20日以内」に臨時会を招集しなければならない。

3. 妥当でない。議長による臨時会招集請求権（101条2項）に関する問題である。この場合も、長は、努力義務ではなく、議長からの請求のあった日から20日以内に臨時会を招集する義務を負う（同条4項）。

4. 妥当でない。議長の臨時会招集権（101条5項・6項）に関する問題である。長が同条2項・3項による招集請求に応じない場合の議長の臨時会招集権の行使には、長に対する再度の招集請求を行うことは必要ない。

5. 妥当である。地方議会については、いわゆる通年議会制度が導入されており、条例で定めるところにより、通年会期とすることができる（102条の2）。

> **問題** 地方自治法の定める普通地方公共団体の議会の
> 委員会に関する記述として、妥当なものはどれ
> か。

1. 議会の委員会には、常任委員会、議会運営委員会及び特別
   委員会があり、全ての委員会の設置が義務付けられている。

2. 常任委員会は、効率性の観点から、当該普通地方公共団体
   の人口に応じて、法律により設置数の上限が定められてい
   る。

3. 議会運営委員会は、議会の運営に関する事項、議会の会議
   規則等及び議長の諮問に関する事項について調査を行うほ
   か、議案、請願等を審査する。また、議案の提出権も認め
   られている。

4. 委員会の審査は、議会の会期の終了とともに終了し、議会
   の議決により付議された特定の事件についての審査であっ
   ても、継続することはない。

5. 特別委員会は、付議された事件の審議が議会において終了
   した場合であっても、議会の会期中は消滅しない。

解説　議会に置かれる委員会に関する問題。常任委員会・議会運営委員会・特別委員会の三種類あり、条文の変遷があるが、現行法では、109条として一つの条に整理され、規定されている。

1. 妥当でない。普通地方公共団体の議会は、条例で、常任委員会、議会運営委員会及び特別委員会を置くことができるとされており、設置が義務付けられているわけではない（109条1項）。

2. 妥当でない。法律に常任委員会の設置数の上限は定められていない。

3. 妥当である。109条3項及び6項。

4. 妥当でない。委員会は、議会の議決により付議された特定の事件については、閉会中も、なお、これを審査することができる（109条8項）。

5. 妥当でない。特別委員会は、議会の議決により付議された事件を審査するので（109条4項）、当該事件の審議が議会において終了した時点で、会期中であっても、消滅する。

正解は3

問題　地方自治法に定める普通地方公共団体における
議会の会議に関する記述として、妥当なものは
どれか。

1．議会は、会議公開の原則の例外として、秘密会を開くこと
ができ、その発議は議長又は議員が単独で行うことができ
る。

2．議会は、会議において予算その他重要な議案、請願等につ
いて公聴会を開き、真に利害関係を有する者又は学識経験
者等から意見を聴くことができる。

3．ある議案を議会で一度議決した以上、その会期中は同じ議
案を再び議決に付することはできないとされ、地方自治法
上一切の例外は認められていない。

4．議会は、原則として、議員の定数の3分の1以上の議員が
出席しなければ会議を開くことができない。

5．議会の会期中に議決に至らなかった事件は、委員会に付議
された事件であっても、一切後会に継続しない。

解説 議会の会議に関しては、①会議公開の原則、②会期不継続の原則、③一事不再議の原則の内容及びそれぞれの例外事項が重要である。また、比較的新しく明文化された公聴会の開催や参考人の招致にも注意が必要である（115条の2）。

〔**会議公開の原則**〕会議の運営の公正を維持するための原則。この原則によって住民は議員活動を理解し、批判することが可能となり、代表者としてふさわしい者の選任に努めることができる。例外としては、秘密会がある（115条1項ただし書）。

〔**会期不継続の原則**〕議会は会期ごとに独立別個のものとして活動するという考え方で会期制があり、会期中に議決に至らなかった議案は会期終了とともに消滅し、次の会期には継続しない（119条）。例外として、委員会の閉会中審査がある（109条8項）。

〔**一事不再議の原則**〕ある議案を議会で一度議決した以上、その会期中は同じ議案を再び議決に付することはできない。自治法上に規定はないが当然の原則として認められている。例外に「長による再議」制度がある（176条、177条）。

1．妥当でない。秘密会は議長又は議員3人以上の発議により、出席議員の3分の2以上の多数決での議決が必要である（115条1項ただし書）。

2．妥当である。115条の2第1項。

3．妥当でない。例外として「長による再議」がある（176条、177条）。

4．妥当でない。定足数は、議員の定数の半数以上の議員である（113条）。

5．妥当でない。会期不継続の原則には例外がある（109条8項）。

正解は2

> 問題　地方自治法が定める議会の議員の失職に関する記述として、妥当なものはどれか。

1．議員は、開会中のみ、議会の許可を得て辞職することができる。

2．議員は、議員の解職請求に基づく解職の投票において過半数の同意があった場合には、任期満了をもって失職する。

3．議員は、兼業禁止規定に違反する旨を議会において出席議員の3分の2以上の多数により決定した場合には、任期中に失職する。

4．議員は、被選挙権の喪失により身分を失うが、被選挙権の有無は、常に、議会が出席議員の3分の2以上の多数により決定する。

5．議会は、議員の定数の4分の1の者の発議により、懲罰の動議を議題とし、過半数の同意をもって除名とすることができる。

解説 議員の失職事由に関する問題である。

〔議員の失職事由〕

①任期満了

②選挙又は当選の無効

③被選挙権の喪失：被選挙権の有無は、公選法又は政治資金規正法に該当するため被選挙権を有しない場合を除き、議会が出席議員の3分の2以上の多数により決定する（127条1項）。

④辞職：議員が辞職するためには、議会の許可を得ることが必要である（議会の閉会中においては議長の許可を得て辞職できる）（126条）。

⑤兼業禁止に該当した場合：兼業禁止規定に該当するかどうかの決定は、出席議員の3分の2以上の多数により行われなければならない（127条1項）。

⑥除名：議員の3分の2以上の出席によりその4分の3以上の同意が必要（135条3項）。

⑦解職請求の成立

⑧議会の解散

1．妥当でない。閉会中も議長の許可を得て辞職できる（126条ただし書）。

2．妥当でない。解職請求の場合は、任期中に失職する。

3．妥当である。127条1項。

4．妥当でない。被選挙権の有無は常に出席議員の3分の2以上の多数により決定するわけではない（127条1項）。

5．妥当でない。除名は、議員の3分の2以上の出席によりその4分の3以上の同意が必要である（135条3項）。

正解は3

問題 地方自治法に定める普通地方公共団体の長の地位及び権限に関する記述として、妥当なものはどれか。

1. 長は、当選後に被選挙権を喪失したときは、その職を失うが、当該失職に係る決定は、議会の議決によらなければならない。

2. 長は、退職しようとするときは、定められた日数前までに当該普通地方公共団体の選挙管理委員会に申し出なければならない。

3. 長がその権限において管理し、執行する事務は、当該普通地方公共団体の自治事務に限られ、当該普通地方公共団体の法定受託事務は、国の機関として管理し、執行する。

4. 長は、地方自治法が定める一定の事務について、当該事務の管理及び執行が法令に適合し、かつ、適正に行われることを確保するための方針を定めたときは、毎会計年度少なくとも一回以上、当該方針に基づき整備した体制について評価した報告書を作成しなければならない。

5. 長は、その補助機関たる職員を指揮監督する権限を有するが、当該地方公共団体の区域内の社会福祉団体等の公共的団体を指揮監督することはできない。

解説 普通地方公共団体の執行機関の特色として、次の２つの点を認識しておく必要がある。

(1) **長の公選制**：住民が長を直接選挙で選ぶことにより民主主義を徹底し、地方行政の民主的な運営を確保する。

(2) **執行機関の多元主義**：長の他に長から独立した委員会及び委員を設置することであり、権力分立の趣旨に基づき執行権限を分散する。

〔長の地位〕
・当該普通地方公共団体を統轄し、代表する（147条）。
・任期は４年（140条１項）。
・長の兼職・兼業の禁止（141条、142条）。
・長の失職理由：任期満了、死亡、被選挙権の喪失、兼業禁止に抵触、選挙無効・当選無効の確定、解職請求による解職、議会の不信任議決、本人の意思による退職

〔長の権限〕
・統轄代表権（147条）、事務執行権（148条、149条）
・財務に関する事務等についての内部統制（150条）
　※都道府県知事及び政令指定都市の市長は義務。その他の市長及び町村長は努力義務。

1．妥当でない。長の被選挙権の喪失は、原則として選挙管理委員会がこれを決定する（143条１項）。

2．妥当でない。議長に退職の申出を行う。議会の同意を得たときは申出期日前でも退職できる（145条）。

3．妥当でない。長が管理し、執行する事務は、当該普通地方公共団体の自治事務と法定受託事務の双方が含まれる（２条２項、148条）。

4．妥当である。内部統制制度による報告書の作成義務である。長は、作成した報告書を監査委員の審査に付さなければならず、監査委員の意見を付けた報告書を議会に提出しなければならない。議会に提出した報告書は、公表しなければならない（150条４項〜６項・８項）。

5．妥当でない。前段は、154条。長は、当該普通地方公共団体の区域内の公共的団体等を指揮監督することができる（157条）。

正解は4

問題　地方自治法に定める普通地方公共団体の長の権限に関する記述として、妥当なものはどれか。

1．長は、その権限の全部又は一部を長以外の者に行使させることができ、その方法は、代理及び委任に限られる。

2．長に事故があるときは、副知事又は副市町村長がその職務を代理し、副知事若しくは副市町村長にも事故があるときは、当該普通地方公共団体の補助機関である職員のうちから、長の指定する職員が長の職務を代理する。

3．長は、その権限に属する事務の一部をその補助機関である職員に臨時に代理させることができ、その場合においては、代理者は、当該事務を自己の名において行うことができる。

4．長は、職権により、当該普通地方公共団体の委員会にその権限に属する事務の一部の執行を命ずることができる。

5．長の権限の委任があった場合、当該事務の権限は、長に属したままであり、受任者は、長の名と責任においてその職務を行う。

解説 長は、当該普通地方公共団体の事務を管理し、これを執行する（148条）。

〔長が担任する事務の例示〕

①議会への議案の提出、②予算の調製及び執行、③地方税の賦課徴収及び分担金・使用料・加入金・手数料の徴収並びに過料を科すること、④決算を議会の認定に付すること、⑤会計の監督、⑥財産の取得、管理及び処分、⑦公の施設の設置、管理及び廃止、⑧証書及び公文書類の保管、⑨その他当該普通地方公共団体の事務の執行である（149条）。例示の事務以外の事務は、法令の規定により他の機関の権限であるとされない限り、長の権限との推定を受ける。

〔長の権限の代行制度〕

①長の職務代理：法定代理（152条）と任意代理（153条1項）がある。代理者は長の名において事務を行う。

②長の権限の委任：委任を受けた者がそれを自己の名と責任において行使する（153条、180条の2）。

③補助執行：内部的に補助し、執行する。

1．妥当でない。153条1項。長は、その権限に属する事務の一部をその補助機関である職員に委任し、又は臨時に代理させることができる。全部は誤り。

2．妥当である。152条2項。

3．妥当でない。前段は正しい（153条1項）。この場合、長の名で事務を行う。

4．妥当でない。委員会と協議して委任することができる（180条の2）。

5．妥当でない。長が権限を委任した場合には、長は自ら処理する権限を失う。

正解は2

問題 地方自治法に定める長の補助機関に関する記述として、妥当なものはどれか。

1. 副知事及び副市町村長の任期は原則として4年であり、普通地方公共団体の長は、その任期中は解職することはできない。

2. 副知事及び副市町村長は、検察官、警察官若しくは収税官吏又は普通地方公共団体における公安委員会の委員と兼ねることができない。

3. 会計管理者は、自らの事務を補助させるため、普通地方公共団体の長の補助機関である職員のうちから、長の同意を得て、出納員その他の会計職員を任命する。

4. 普通地方公共団体は、常勤の専門委員を置くことができ、当該専門委員は、普通地方公共団体の長の委託を受け、その権限に属する事務に関し必要な事項を調査する。

5. 自治紛争処理委員は、普通地方公共団体相互間の紛争の調停、審査等を行う機関であり、補助機関に含まれる。

長の補助機関に関する問題である。

　補助機関とは、地方公共団体の長の職務執行を補助することを任務とする機関をいう。補助機関はもっぱら内部的に補助する機関であり、権限の委任又は代理の場合のほか、その地方公共団体の意思を決定し、外部に表示する権限をもたない。

　補助機関としては、①副知事・副市町村長、②会計管理者、③出納員その他の会計職員、④職員、⑤専門委員などがある。

1．妥当でない。前半は正しいが、長は、副知事及び副市町村長をその任期中においても解職することが可能であるとされる（163条ただし書）。

2．妥当である。166条1項。

3．妥当でない。会計管理者は、その地方公共団体の会計事務をつかさどるもので（170条1項）、長の補助機関の職員のうちから長が任命する。出納員その他の会計職員は、会計管理者の事務を補助させるため置かれ（171条1項）、長の補助機関である職員のうちから、長が任命する（同条2項）。

4．妥当でない。専門委員は、長の委託を受けて、その権限に属する事務に関し必要な事項を調査するものであり（174条3項）、常設又は臨時の専門委員を置くことができる（同条1項）。専門委員は、専門の学識経験を有する者の中から、長が選任する（同条2項）。専門委員は非常勤とされている（同条4項）。

5．妥当でない。自治紛争処理委員は、総務大臣が任命するものは特別の機関であるとされ、都道府県知事が任命するものは都道府県知事の附属機関であるとされている。

正解は2

問題　地方自治法に定める普通地方公共団体の会計管理者に関する記述として、妥当なものはどれか。

1. 普通地方公共団体は、会計管理者を1人置かなければならないが、条例の定めにより、複数置くこと又は置かないことができる。

2. 普通地方公共団体の長、副知事若しくは副市町村長又は普通地方公共団体の議会の議員と親子、夫婦又は兄弟姉妹の関係にある者は、会計管理者となることができず、在職中にそのような関係が生じたときは、その職を失う。

3. 全ての普通地方公共団体において、長は、会計管理者の事務を補助させるため、長の補助機関である職員のうちから、出納員を、任命しなければならない。

4. 普通地方公共団体の長は、会計管理者をしてその事務の一部を出納員に委任させることができ、この場合においては、長は、直ちにその旨を告示しなければならない。

5. 会計管理者は、普通地方公共団体の長の命令があった場合、支出負担行為が法令又は予算に違反していないこと及びその債務が確定していることを確認できなくても、当該支出負担行為に係る支出を行わなければならない。

解説 会計管理者は、補助機関の中でも出題頻度が高いので、要注意である。

〔会計管理者のポイント〕

・会計事務をつかさどる（170条1項）。

・会計管理者1人を置く（168条1項）。

・補助機関である職員のうちから、長が任命する（168条2項）。

・就職禁止規定がある（169条）。

・会計管理者制度は、会計事務の命令機関（長）と執行機関（会計管理者）を分離するもの。

・会計管理者のつかさどる会計事務とは、財務に関する事務のうち、予算の執行、契約の締結、公有財産の管理を除くものであり、①現金の出納・保管、②小切手の振出し、③有価証券の出納・保管、④物品の出納・保管、⑤現金・財産の記録管理、⑥支出負担行為の確認、⑦決算の調製及び長への提出が例示されている（170条2項）。

・会計管理者の事務の補助：出納員その他の会計職員（171条）

1. 妥当でない。1人を置くこととされている。

2. 妥当でない。議会の議員の親族は就職禁止ではない（169条）。

3. 妥当でない。171条。町村においては、出納員を置かないことができる。

4. 妥当である。171条4項。

5. 妥当でない。支出負担行為は、長の命令に加えて、当該支出負担行為が法令又は予算に違反していないこと及び当該支出負担行為に係る債務が確定していることが確認された上でなければ行うことができない（232条の4第2項）。

正解は4

問題　地方自治法に定める再議制度における普通地方公共団体の長と議会との関係に関する記述として、妥当なものはどれか。

1．長は、条例の制定若しくは改廃又は予算に関する議決に異議がある場合、理由を示して再議に付すことができ、再議の結果、出席議員の過半数でなお同様の議決がなされたときは、その議決は確定する。

2．長は、違法な議会の議決がなされた場合、理由を示して再議に付さなければならず、再議の結果、出席議員の過半数でなお同様の議決がなされたときは、その議決を不信任議決とみなし、議会を解散できる。

3．長は、収入又は支出に関し執行不能な議会の議決がなされた場合については、長に拒否権はなく、再議に付すことはできず、長は、当該議決を無効とする議案を議会に提出する。

4．長は、義務費を削除又は減額する議会の議決がなされた場合、理由を示して再議に付さなければならず、再議の結果、なお同様の議決がなされたときは、その経費及びこれに伴う収入を予算に計上して支出できる。

5．長は、非常災害の復旧施設に要する経費を削減する議会の議決がなされた場合、理由を示して再議に付さなければならず、再議の結果、なお同様の議決がなされたときは、その議決は確定する。

長と議会の関係は非常に出題頻度が高い。

〔再議制度のポイント〕

・長が議会の行った議決・選挙を拒否して、再度議会
の審議・議決等を要求する制度
・長と議会の対立を長の側から調整する手段
・一般的拒否権（任意）：176条1項〜3項

事由	期限	再議の要件	同様の議決の効果
議決に異議が ある場合※1	議決の日から 10日以内※2	1回目の議決 と同様※3	議決は確定する。

※1　条例・予算以外の議決事件も対象となることに留意。
※2　条例の制定・改廃又は予算に関する議決の場合は、その送付を受けた日から10
　　日以内。
※3　条例の制定・改廃又は予算に関するものは、出席議員の3分の2以上の同意。

・特別拒否権（必要的）：176条4項〜8項、177条

事由	期限	再議の要件	同様の議決の効果
越権又は法令・ 会議規則違反の 議決・選挙	なし	1回目の議決・ 選挙と同様	知事は総務大臣に、市町村 長は知事に、審査の申立て。 裁定に不服があれば裁判所 に出訴できる。
義務的経費の削 除・減額議決			長は、その義務的経費等を 予算計上・執行できる（原 案執行権）。
非常災害・感染 症予防費の削 除・減額議決			長は、不信任議決とみなし、 議会を解散できる。

1．妥当でない。出席議員の3分の2以上の同意で同様の議決
　がなされたときはその議決は確定する（176条3項）。
2．妥当でない。176条4項〜8項。
3．妥当でない。議決に異議がある場合として、一般的拒否権
　を行使できる（176条1項）。
4．妥当である。原案執行権である（177条2項）。
5．妥当でない。177条3項。

正解は 4

問題 次のA〜Fのうち、地方自治法上、普通地方公共団体の長が専決処分をすることができる場合を選んだときの組合せとして、妥当なものはどれか。

A 議会の権限に属する軽易な事項で、議会の議決により特に指定したものがあるとき

B 一定の事項を除き、議会において議決すべき事件を議決しないとき

C 議会において議決すべき事件を否決したとき

D 議会において普通地方公共団体の義務に属する経費を削除する議決をしたとき

E 長において特に緊急を要するため議会を招集する時間的余裕がないことが明らかであると認めるとき

F 長において議会の議決が議会の権限を超え又は法令や会議規則に違反していると認めるとき

  1．A、B、D
  2．A、B、E
  3．B、C、F
  4．B、D、F
  5．C、E、F

〔専決処分のポイント〕

解説

(1) 議会の権限に属する事項を議会に代わって長がその権限を行使することを認める制度

(2) **法律の規定による専決処分**（179条）

- ・法定代理的性格
- ・議会と長の調整手段
- ・議会において必要な議決等が得られない場合に長が議会に代わって行うもの
- ・次の4つがある。
  - ①議会が成立しないとき。
  - ②113条ただし書の場合において、なお会議を開くことができないとき。
  - ③長において、特に緊急を要するため議会を招集する時間的余裕がないことが明らかであると認めるとき。〔E〕
  - ④議会において議決・決定すべき事件を議決・決定しないとき（ただし、副知事及び副市町村長並びに指定都市の総合区長の選任同意は、この限りでない）。〔B〕
- ・長は、専決処分後の最初の会議で議会に報告し承認を求める。承認が得られなくとも処分の効力に影響はなく、政治的責任の問題が残る。ただし、条例・予算の専決処分について不承認の場合は、長は速やかに必要な措置を講じ、議会に報告しなければならない。

(3) **議会の委任による専決処分**（180条）

- ・議会の議決による委任（任意代理的性格）
- ・議会が指定した議会の権限に属する軽易な事項〔A〕
- ・行政執行の能率化を図る手段
- ・処分につき議会への報告は必要。承認は不要。

以上より専決処分ができるのはABEであり、正解は2。

正解は2

> **問題**　地方自治法に定める監査委員に関する記述として、妥当なものはどれか。

1．普通地方公共団体の監査委員には、①人格が高潔で、普通地方公共団体の財務管理、事業の経営管理その他行政運営に関し優れた識見を有する者（識見を有する者）から選任された委員と②議員から選任された委員の両方がいなければならない。

2．監査委員は、各委員が権限を行使することができる独任制の機関であるが、監査委員に関する庶務及び訴訟に関する事務を処理するものとして、監査委員のうちの任意の1人を代表監査委員としなければならない。

3．監査委員に常設又は臨時の監査専門委員をおくことができる。監査専門委員は、専門の学識経験を有する者の中から、代表監査委員が、代表監査委員以外の監査委員の意見を聴いて、選任する。

4．監査委員は、その職務を遂行するに当たっては、法令に特別の定めがある場合を除くほか、監査基準に従い、常に公正不偏の態度を保持して、監査等をしなければならない。監査基準は、普通地方公共団体の長が定める。

5．監査委員は、監査の結果に関する報告書の決定について、各監査委員の意見が一致しないことにより、合議により決定することができない事項がある場合には、事務の混乱を防止するため、各監査委員は、自己の意見を、当該普通地方公共団体の議会及び長並びに他の執行機関に伝えることは禁止されている。

解説 委員会・委員については、主なものでも、教育委員会、選挙管理委員会、人事委員会・公平委員会、公安委員会、労働委員会、収用委員会等々多岐にわたるが、監査委員からの出題の可能性が高い。最近の法改正により、①議選監査委員の選任の選択制（196条１項・６項）、②監査専門委員の設置（200条の２）、③監査基準の策定（198条の３第１項、198条の４）、④監査委員の勧告権（199条11項・15項）、⑤合議による報告に至らない場合の各監査委員の意見提出（199条13項）等の制度が導入されており、要注意である。

1. 妥当でない。平成30年から条例で議選監査委員を選任しないことができることとされた（196条１項）。なお、議選監査委員を選任する場合の人数については、同条６項参照。

2. 妥当でない。識見を有する者のうちから選任される監査委員の１人（監査委員が２人の場合において、そのうちの１人が議選監査委員であるときは、識見を有する者から選任される監査委員）を代表監査委員としなければならない（199条の３第１項）。

3. 妥当である。監査専門委員は、平成30年に、監査委員の独立性を確保しつつ専門性を高める観点から、導入されたものである。200条の２。

4. 妥当でない。前段は正しい（198条の３第１項）。監査基準（法令の規定により監査委員が行うこととされている監査、検査、審査その他の行為の適切かつ有効な実施を図るための基準）は、監査委員の合議により、監査委員が定める（198条の４第１項・２項）。

5. 妥当でない。令和２年から、監査委員は、意見が一致しないことにより、合議により監査の結果の報告を決定できない場合には、その旨及び当該事項についての各監査委員の意見を普通地方公共団体の議会及び長並びに関係のある教育委員会その他の法律に基づく委員会又は委員に提出するとともに、これらを公表しなければならないこととされた（199条13項）。

正解は3

問題　地方自治法に定める地域自治区に関する次の記述のうち妥当なものはどれか。

1．地域自治区は、都道府県が、当該都道府県に属する市町村の長の権限に属する事務を分掌させ、地域の住民の意見を反映させつつ市町村長の権限に属する事務を処理させることを目的として設ける。

2．地域自治区に事務所を置くものとし、事務所の長は、市町村長の補助機関である職員をもって充てる。

3．市町村長は、地域自治区において住民の意見を行政に反映させるため必要があると認めるときは、地域自治区に地域協議会を置くことができる。

4．市町村長は、条例で定める市町村の施策に関する重要事項で、地域自治区の区域に係るものを決定し、又は変更しようとする場合には、あらかじめ、地域協議会の意見を聴くことができる。

5．市町村長その他の市町村の機関は、市町村が処理する地域自治区の区域に係る事務に関し地域協議会から意見の申出があったときは、その意見に従って必要な措置を講じなければならない。

解説　地域自治区とは、行政と住民との連携を目的として市町村長の権限に属する事務を分掌させ、及び地域の住民の意見を行政に反映させつつこれを処理させるため、市町村が条例で設ける区域をいう（202条の4）。

〔地域自治区のポイント〕

・法人格を有しないとされている。

・市町村の事務を分掌させるための事務所が置かれ、その事務所の位置、名称及び所管区域は条例で定める（202条の4第2項）。

・事務所の長は、当該普通地方公共団体の長の補助機関である職員をもって充てる（同条3項）。

・地域協議会が置かれ、地域協議会はその区域の住民のうちから市町村長によって選任された者によって構成される（202条の5第1項・2項）。

・地域協議会は、法定の一定事項のうち、市町村長その他の市町村の機関により諮問されたもの又は必要と認めるものについて、審議し、市町村長その他の市町村の機関に意見を述べることができる（202条の7第1項）。

・地域自治区の区域に係る条例で定める重要事項の決定・変更については、市町村長はあらかじめ地域協議会の意見を聴かなければならない（202条の7第2項）。

1．妥当でない。市町村が設ける。

2．妥当である。

3．妥当でない。地域協議会は必置である。

4．妥当でない。地域協議会の意見を聴かなければならない。

5．妥当でない。市町村長等は、地域協議会の意見を勘案し、必要があると認めるときは、適切な措置を講じなければならないとされている（202条の7第3項）。　　正解は2

問題　普通地方公共団体の予算に関する記述として、
妥当なものはどれか。

1．純計予算主義の原則とは、一会計年度における一切の収入
　及び支出は、全て歳入歳出予算に編入しなければならない
　とする原則である。

2．会計年度独立の原則とは、各会計年度における歳出は、そ
　の年度の歳入をもってこれに充てなければならないとする
　原則であり、財政規律の観点から、その例外は認められて
　いない。

3．単一予算主義の原則とは、普通地方公共団体の全ての収入
　及び支出を単一の予算に計上して、1つの会計により経理
　しなければならないとする原則である。特別会計はその例
　外とされるが、補正予算や暫定予算は例外ではない。

4．補正予算とは、予算の調製後に生じた事由に基づいて、既
　定予算に過不足を生じさせた場合に、既定予算を変更して
　調製される予算である。

5．原案執行予算とは、年度開始までに予算が議決されない場
　合に、本予算が成立するまでの間のつなぎとして調製され
　る予算である。

解説 地方公共団体の財務は多岐な事項にわたるが、予算に関する問題の出題頻度は高い。

〔予算のポイント〕

　・予算は、長が調製し、原則として議会の議決を経て成立する。

・歳出予算は、長に支出権限を与えるとともに、支出の限度・内容を制限する拘束力を有し、執行機関を拘束する法的性格を有する。

・予算に関する原則

　①総計予算主義の原則（210条）

　　例外：一時借入金、いわゆる弾力条項の適用、歳計剰余金の基金への編入

　②単一予算主義の原則

　　例外：特別会計予算、暫定予算、補正予算

　③予算統一の原則（216条）：予算科目・様式の統一

　④会計年度独立の原則（208条2項、220条3項）

　　例外：継続費の逓次繰越し、繰越明許費、歳計剰余金の処分、過年度収入・支出、翌年度の繰上充用、事故繰越し

　⑤予算の事前議決の原則（211条1項）

　　例外：原案執行予算（長の拒否権に基づき、議会の議決を経ないで経費を支出。177条2項）、専決処分（179条1項）

　⑥予算公開の原則（219条2項、243条の3第1項）

・予算の種類：当初予算、補正予算、暫定予算、骨格予算

1．妥当でない。肢は、総計予算主義である。なお、純計予算とは、収入を得るのに要する経費を収入から控除し、支出に伴って生じる収入を支出から控除して、純収支を歳入・歳出予算に計上する方式の予算である。

2．妥当でない。会計年度独立の原則にも例外がある。

3．妥当でない。特別会計だけでなく、補正予算も暫定予算も単一予算主義の原則の例外である。

4．妥当である。218条1項。

5．妥当でない。肢は暫定予算の説明である。　　　　正解は4

問題　地方自治法に定める分担金、使用料及び手数料に関する記述として、妥当なものはどれか。

1．分担金は、普通地方公共団体全体に利益のある事件に関し、必要な費用に充てるために徴収するものであり、例として公立学校の授業料があげられる。

2．使用料は、特定の者のためにする普通地方公共団体の事務に関して徴収することができるもので、例として公営住宅の家賃及び水道料金があげられる。

3．地方公共団体の職員採用試験の実施に当たり、受験生から手数料を徴収することができる。

4．普通地方公共団体の歳入の収入は、現金による納付によることが原則であるが、証紙による納付、口座振替による納付、クレジットカードやスマートフォンアプリを利用した指定納付受託者への委託による納付等も認められている。

5．分担金を納期限までに納付しない者があるときは、普通地方公共団体の長は、その者に対し裁判手続を経た後でなければ、地方税の滞納処分の例により処分することはできない。

〔地方公共団体の収入のポイント〕
(1) 意義：予算の財源となるべき現金や証券を個々に収納すること。一会計年度の全ての収入が歳入。
(2) 種類：①地方税（223条）、②分担金（224条）、③使用料（225条）、④手数料（227条）、⑤地方債（230条）、⑥その他（地方交付税・地方譲与税・国庫支出金（補助金、負担金、委託金等））
(3) 歳入の収入の方法
　・歳入の調定及び通知（231条）→納期限までに納付されない場合は督促・滞納処分（231条の3）
　・収入の方法の特例（原則は現金）
　①使用料・手数料についての収入印紙による納付、②口座振替による納付、③証券による納付、④指定納付受託者への委託による納付（従来の指定代理納付者制度に代えて導入。クレジットカードに加え、スマートフォンアプリ等による決済も可能に）
〔指定公金事務取扱者制度〕
　公金の徴収・収納・支出事務につき、適切・確実に遂行できる私人を指定し、幅広く委託し得る新制度が令和6年4月から導入された。収納事務については、性質上適当でないものを除き、長の判断で全ての歳入等について委託可能（新たに、「雑入」「歳入歳出外現金」の収納の委託が可能になる）。
1．妥当でない。分担金は特定の事業によって特に利益を得る者に対し、その経費の全部又は一部を負担させるものである（224条）。
2．妥当でない。特定の者のためにする普通地方公共団体の事務に関し徴収することができるのは、手数料である（227条）。使用料とは、行政財産の許可使用又は公の施設利用につき徴収することができるものである（225条）。
3．妥当でない。採用試験は特定の者のための事務ではなく、自治体のための事務であり手数料は徴収できない。
4．妥当である。231条の2、231条の2の2。
5．妥当でない。分担金、加入金、過料等は、裁判手続を経ず、滞納処分をすることができる（231条の3）。　　**正解は4**

問題 地方自治法に定める普通地方公共団体の決算に関する次の記述のうち、妥当なものはどれか。

1. 会計管理者は、毎会計年度、決算を調製し、出納の閉鎖後3月以内に、証書類その他の書類と併せて、監査委員に提出し、その審査に付し、監査委員の意見を付けて長に提出する。

2. 普通地方公共団体の長は、監査委員の審査に付した決算を議会の認定に付さなければならないが、付すべき時期に特段の制限はない。

3. 決算の認定に関する議案が否決された場合でも、既に行われた収入、支出等の効力に影響はないが、普通地方公共団体の長には、単に政治的・道義的責任の問題が生ずるにとどまらず、当該不認定を踏まえて、必要と認める措置を講じる法的義務が生じる。

4. 毎会計年度において決算上剰余金を生じたときは、普通地方公共団体の長は、翌年度の歳入に編入しなければならない。ただし、条例の定めるところにより、又は議会の議決により、剰余金の全部又は一部を翌年度に繰り越さないで基金に編入することができる。

5. 各会計年度中において歳入が歳出に不足することとなったときは、翌年度の歳入を繰り上げてこれに充てることができる。

解説

〔決算のポイント〕
(1) **決算の意義**：一会計年度の歳入歳出予算の執行の実績を表示した計数表。
(2) **決算の手続**
①決算の調製：会計管理者が、毎会計年度、調製し、出納閉鎖後3月以内に、長に提出（233条1項）。
②監査委員の審査：長は、会計管理者から提出された決算を監査委員の審査に付さなければならない（233条2項）。
③決算の認定：長は、監査委員の審査に付した決算を監査委員の意見を付けて次の通常予算を審議する会議までに議会の認定に付さなければならない（233条3項〜5項）。認定によって決算は確定する。
　（注）決算が不認定でも、政治的責任や道義的責任を問われることは別として、特段法的効果は生じない。そのため、かつては、決算不認定の場合にその後の議論がなされないという状況が見られたが、法改正により、長は、決算不認定の場合において、当該不認定を踏まえて必要となる措置を講じたときは、速やかに、当該措置の内容を議会に報告するとともに、これを公表しなければならないこととされた（233条7項）。
(3) **決算の公表**：長は、認定に付した決算の要領を住民に公表しなければならない（233条6項）。
1．妥当でない。監査委員の審査に付すのは長である。
2．妥当でない。議会の認定に付すのは、次の通常予算を審議する会議までと法定されている。
3．妥当でない。長に、決算の不認定を受けて措置を講ずる法的義務まで生ずることはない（233条7項）。
4．妥当である。決算上、剰余金を生じたときは、翌年度の歳入への編入が原則であるが、条例又は議会の議決による基金への編入も可能である。233条の2。
5．妥当でない。翌年度の歳入を繰り上げて充てることができるのは、会計年度経過後の歳入不足に限られる（施行令166条の2）。

正解は4

問題　地方自治法が定める普通地方公共団体の契約に関する次の記述のうち、妥当なものはどれか。

1. 一般競争入札は、不特定多数の入札参加者間の競争によって契約の相手方を決定する方法であるから、入札参加者の当該契約に係る工事等についての経験や技術的適性の有無等に関する必要な資格を定めることはできない。

2. 一般競争入札により普通地方公共団体の支出の原因となる契約を締結しようとする場合においては、予定価格の制限の範囲内の価格をもって申込みをした者のうち最低の価格をもって申込みをした者以外の者を契約の相手方とすることはできない。

3. 一般競争入札により契約を締結しようとするときは、普通地方公共団体は、原則として、入札に参加しようとする者に対し、一定の率又は額の入札保証金を納めさせなければならない。

4. 緊急の必要により一般競争入札に付することができないとき又は一般競争入札に付することが不利と認められるときには、指名競争入札によることができるのであって、随意契約によることはできない。

5. 随意契約は、競争の方法によらず、任意に特定の相手を選んで契約を締結する方法であるが、情実に左右され、公正性の点で問題になりやすいことから、条例で定める場合に該当するときに限られる。

解説

契約締結の方法の種類とその方法を使う場合を中心に、整理しておくことが有益である。

〔契約のポイント〕

○契約締結の方法とそれによる場合の整理

①一般競争入札：原則的方法。これ以外の方法は政令で定める場合に限る（234条1項・2項）。

②指名競争入札：あらかじめ指定された特定複数者が入札。契約の性質・目的が一般競争入札に適しないとき、入札参加者が一般競争入札に付す必要がないと認められるほどに少数であるとき及び一般競争入札に付すことが不利と認められるとき（施行令167条）。

③随意契約：任意に相手を選んで締結。予定価格が一定の額を超えないとき、競争入札に適しないとき、緊急の必要により競争入札に付すことができないとき、入札者又は再度の入札の落札者がいないとき等（施行令167条の2第1項）。

④せり売り：不特定多数の者が参加して口頭か挙手によって競争。動産の売払いでこの方法が適しているもの（施行令167条の3）。

1．妥当でない。一般競争入札において参加者の資格を設けることができる（234条6項、施行令167条の4・167条の5・167条の5の2）。

2．妥当でない。政令で定めるところにより、予定価格の範囲内の価格で申込みをした者のうち、最低価格をもって申込みをした者以外の者を契約の相手方とすることができる（234条3項ただし書、施行令167条の10・167条の10の2）。

3．妥当である。施行令167条の7第1項。

4．妥当でない。緊急の必要により競争入札に付すことができないときは、随意契約によることができる（施行令167条の2第1項5号）。

5．妥当でない。施行令167条の2第1項。

正解は3

問題　地方自治法に定める物品に関する記述として、妥当なものはどれか。

1．物品とは、普通地方公共団体が所有する動産及び普通地方公共団体が使用のために保管する動産をいい、現金に代えて納付される証券や無記名式有価証券が含まれる。

2．普通地方公共団体が使用のために保管する動産には、都道府県警が使用している国有財産及び国有の物品も含まれる。

3．物品に関する事務に従事する職員は、その取扱いに係る物品を普通地方公共団体から譲り受けることはできないが、売払いを目的とする物品で普通地方公共団体の長が指定するものについては、譲り受けることができる。

4．物品の出納及び保管に関する事務は、使用中の物品に係る保管を除き、会計管理者に権限があるため、会計管理者は、普通地方公共団体の長の通知がなくても物品を出納することができる。

5．使用中の物品については、当該物品を使用している職員が故意又は重大な過失により当該物品を亡失又は損傷した場合、当該職員だけでなく、その職員を監督すべき立場にある管理者も、損害を賠償しなければならない。

解説 地方公共団体の財産として規定されているものには、①公有財産、②物品、③債権、④基金がある。

本問は、物品に関する問題である。

1．妥当でない。現金及び現金に代えて納付される証券は物品に含まれない（239条1項1号）。

なお、公有財産に属するもの及び基金に属するものも物品ではない（同項2号・3号）。

2．妥当でない。政令で定める動産は物品から除かれる（239条1項）。施行令170条は、都道府県警が使用している国有財産及び国有の物品としている。

3．妥当である。239条2項、施行令170条の2。

4．妥当でない。前半は正しい（170条2項4号）。会計管理者は普通地方公共団体の長の通知がなければ出納することができない（施行令170条の3）。

5．妥当でない。当該職員を監督すべき立場にある管理者についての損害賠償責任の規定はない（243条の2の8）。

正解は3

問題 地方自治法に定める債権又は基金に関する記述として、妥当なものはどれか。

1. 地方自治法に定める債権とは、金銭の給付を目的とする普通地方公共団体の公法上の権利をいい、貸付料等の私法上の収入金に係る債権は含まれない。

2. 過料に係る債権や預金に係る債権については、地方自治法上の債権管理の規定が適用される。

3. 普通地方公共団体は、定額の資金を運用するための基金を設けることはできるが、特定の目的のために財産を維持し、資金を積み立てるための基金を設けることは認められていない。

4. 特定の目的のために定額の資金を運用するための基金を設けた場合には、普通地方公共団体の長は、基金の運用から生ずる収益及び基金の管理に要する経費を、それぞれ毎会計年度の歳入歳出予算に計上しなければならず、また、毎会計年度、その運用の状況を示す書類を作成し、これを監査委員の審査に付し、その意見を付けて、議会に提出しなければならない。

5. 基金の管理及び処分に関して必要な事項は、地方自治法に定めるもののほか、普通地方公共団体の長が制定する規則で定めなければならない。

解説　普通地方公共団体の財産の１つである債権について、平成29年の民法の改正に合わせて、金銭債権の消滅時効等に関する改正が行われていることに留意されたい（236条、242条の２第８項・９項）。

1．妥当でない。金銭の給付を目的とする普通地方公共団体の権利をいい（240条１項）、公法上の権利か私法上の権利かを問わない。

2．妥当でない。地方自治法は、債権の管理について、次のように規定している（240条２項・３項）。

・長は、債権について、政令の定めるところにより、その督促、強制執行その他その保全及び取立てに関し必要な措置をとらなければならない。

・長は、債権について、政令の定めるところにより、その徴収停止、履行期限の延長又は当該債権に係る債務の免除をすることができる。

　　こうした債権管理の規定は、地方税法の規定に基づく徴収金に係る債権、過料に係る債権、預金に係る債権等については適用しないこととされている（同条４項）。

3．妥当でない（241条）。地方自治法が設置を認める基金には、特定の目的のため、①財産を維持し、又は資金を積み立てるための基金、②定額の資金を運用するための基金がある（241条１項）。

4．妥当である。いわゆる定額資金運用基金に関する記述であり、前段は241条４項、後段は241条５項である。

5．妥当でない。基金の管理及び処分に関し必要な事項は条例で定めなければならない（241条８項）。

正解は 4

問題 地方自治法に定める住民監査請求に関する記述として、妥当なものはどれか。

1. 住民監査請求は、普通地方公共団体の住民が行うことができるが、永住外国人や法人は、行うことができない。

2. 住民監査請求の対象となる行為は、違法又は不当な財務会計上の行為だけでなく、事務事業の全般にわたる。ただし、作為に限られ、不作為は含まれない。

3. 住民監査請求は、いかなる場合においても、当該行為のあった日又は終わった日から1年以上経過したときは、行うことはできない。

4. 普通地方公共団体の議会は、住民監査請求があった後に、当該請求に係る行為に関する損害賠償の請求権の放棄に関する議決をしようとするときは、あらかじめ監査委員の意見を聴かなければならない。

5. 住民監査請求に対する監査委員の監査の結果に不服がある住民は、誰でも、裁判所に対し、住民監査請求に係る違法な行為につき、訴訟を提起することができる。

解説

〔住民監査請求のポイント〕（242条）
　(1) **請求対象**：長等の執行機関又は職員による①違法・不当な公金支出、財産の取得・管理・処分、契約の締結・履行、債務その他の義務の負担、②違法・不当な公金の賦課徴収・財産管理を怠る事実
(2) **請求内容**：監査、当該行為の防止・是正、当該怠る事実を改めること、普通地方公共団体が被った損害補てんのために必要な措置を求めること
(3) **請求期間**：原則として、当該行為のあった日又は終わった日から１年以内に限られる。
(4) **請求に対する措置**：監査委員の監査。その結果
　　請求に理由なし→理由を付して請求人に通知・公表
　　請求に理由あり→議会、長等の執行機関又は職員に必要な措置を勧告・請求人に通知・公表
　（注）一定の要件を満たす場合、(3)の手続が終了するまでの間、暫定的に当該行為を停止すべきことを勧告できる。

〔住民監査請求制度に関する最近の法改正〕
　①住民監査請求があった後の当該請求に係る行為又は怠る事実に関する損害賠償又は不当利得の返還請求権等の放棄についての監査委員の意見聴取（242条10項）
　②①に関連して、住民監査請求があった場合の監査委員の議会及び長への通知義務（242条３項）

〔住民訴訟のポイント（その１）〕（242条の２）
(1) **出訴権者**：住民監査請求をした住民
(2) **出訴理由**：①監査結果・勧告に不服がある、②勧告を受けた議会・長等の執行機関又は職員の措置に不服がある、③監査請求があった日から60日以内に監査・勧告を行わない、④勧告に示された期間内に必要な措置を講じない
(3) **訴訟対象**：違法な行為又は違法に怠る事実で住民監査請求を行ったもの（監査請求前置主義）

１．妥当でない（住民であれば、個人か法人かは問わない。永住外国人も請求できる）、２．妥当でない（不作為も含まれる）、３．妥当でない（当該行為が住民に容易に知り得ない状態で行われた場合等正当な理由があるときは例外。242条２項）、４．妥当、５．妥当でない（出訴権者は住民監査請求をした住民）

正解は4

67

地方自治法に定める住民訴訟に関する記述として、妥当なものはどれか。

1．普通地方公共団体の住民は、住民監査請求を行ったか否かにかかわらず、住民訴訟を提起することができる。

2．住民訴訟の対象は、住民監査請求の対象とされた違法な行為又は不当な行為に限られ、住民監査請求の対象とされた違法に怠る事実又は不当に怠る事実は除かれる。

3．普通地方公共団体の住民は、当該普通地方公共団体の職員に損害賠償を求める場合、当該普通地方公共団体に代位し、直接当該職員に対して賠償を請求する訴訟を提起することができる。

4．住民訴訟は、当該普通地方公共団体の事務所の所在地を管轄する地方裁判所の管轄に専属する。なお、普通地方公共団体の住民が提起した住民訴訟が係属しているときは、当該普通地方公共団体の他の住民は別訴をもって同一の請求をすることができない。

5．普通地方公共団体の長に対する行為の全部又は一部の差止めの請求は、当該行為により普通地方公共団体に回復の困難な損害を生ずるおそれがある場合に限られる。

〔出訴権者・訴訟の対象は、67頁参照〕

解説

〔住民訴訟のポイント（その２）〕（242条の２）

(1) **訴訟類型**

①一号訴訟：当該執行機関又は職員に対する当該行為の全部又は一部の差止めの請求

②二号訴訟：行政処分たる当該行為の取消し又は無効確認の請求

③三号訴訟：当該執行機関又は職員に対する当該怠る事実の違法確認の請求

④四号訴訟：当該職員又は当該行為若しくは怠る事実に係る相手方に損害賠償・不当利得返還の請求をすることを普通地方公共団体の執行機関又は職員に対して求める請求

※四号訴訟が提起された場合には、普通地方公共団体の執行機関又は職員はその訴訟の告知をしなければならないが、この訴訟告知があったときは、四号訴訟が終了した日から６月を経過するまでの間は、当該訴訟に係る損害賠償又は不当利得返還の請求権の時効は完成しない（平成29年の民法改正に伴う地方自治法改正）。

(2) **管轄**：当該普通地方公共団体の事務所の所在地を管轄する地方裁判所の管轄の専属（242条の２第５項）

(3) **四号訴訟に関する手続**

四号訴訟について損害賠償等を命ずる判決が確定したときは、長は、当該職員又は相手方に対し、判決確定の日から60日を期限として損害賠償等の支払いを請求しなければならない（242条の３第１項）。

１．妥当でない、２．妥当でない、３．妥当でない、４．妥当、５．妥当でない（なお、当該行為を差し止めることによって人の生命又は身体に対する重大な危害の発生の防止その他公共の福祉を著しく阻害するおそれがあるときは、差し止めることができないとされている（242条の２第６項））。

　　　　　　　　　　　　　　　　　　　　正解は **4**

問題　地方自治法に定める職員の賠償責任に関する記述として、妥当なものはどれか。

1. 会計管理者の事務を補助する職員が、故意又は過失によりその保管に係る現金及び有価証券を亡失したときは、これによって生じた損害を賠償しなければならないが、当該職員が退職した場合はその責を免れる。

2. 支出負担行為を行う権限を有する職員が、故意又は過失により当該普通地方公共団体に損害を与えたときは、これによって生じた損害を賠償しなければならない。

3. 物品を使用中の職員が、故意又は重大な過失によりその管理に係る物品を亡失又は損傷した場合、その損害が2人以上の職員の行為によるときは、賠償責任の割合は、それぞれの職分のみに応じて決められる。

4. 普通地方公共団体は、長が、民法の規定により、当該普通地方公共団体に対して損害賠償責任を負う場合について、長が職務を行うにつき善意でかつ重大な過失がないときは、賠償の責任を負う額から、条例で定める額を控除して得た額について免れさせる旨の条例を定めることができる。

5. 普通地方公共団体の長は、賠償責任を有する職員からなされた当該損害がやむを得ない事情によるものであることの証明を相当と認めるときは、監査委員に対し、賠償責任の全部又は一部の免除を決定することを求めなければならない。

〔地方自治法による職員の賠償責任制度のポイント〕

解説

(1) **意義**：普通地方公共団体の会計職員又は予算執行職員が故意又は重過失（現金については過失）により普通地方公共団体に財産上の損害を与えた場合には、民法ではなく、地方自治法により賠償責任を負わせ、普通地方公共団体の利益の保護（容易な損害補てん）と職員の責任の軽減を図る。

(2) **要件**（243条の2の8第1項）

　①会計職員：故意又は重過失（現金については過失）により、その保管に係る現金・有価証券・物品・占有動産又は使用に係る物品を亡失・損傷したこと

　②予算執行職員：故意又は重大な過失により、法令に違反して、それぞれの職務とされる行為を行い又は怠ったことにより普通地方公共団体に損害を与えたこと

(3) **手続**（243条の2の8第3項）

　長の損害の認定→監査委員の事実の有無の監査及び賠償責任の有無・賠償額の決定→監査委員の決定に基づく賠償命令

〔普通地方公共団体の長等又は会計職員等以外の職員〕

　普通地方公共団体の長等又は地方自治法による賠償命令の対象となる職員以外の職員は、民法の規定に従って（軽過失でも有責）不法行為責任や債務不履行責任を負う（最高裁判決）。

　※軽過失でも多額で過酷な損害賠償を追及されることがあることによって、長や職員等が大きな心理的負担を抱き、職務の執行において萎縮が生じ、事務処理の障害となっているとの見方を踏まえ、令和2年から、損害賠償責任の一部免責の仕組みが設けられた（243条の2の7）。

1. 妥当でない。現金以外の場合は重過失が要件。退職して責任を免れることはできない。

2. 妥当でない。支出負担行為を行う権限を有する職員は、予算執行職員であり、その賠償責任は重過失が要件。

3. 妥当でない。職員の職分に加え、当該行為が当該損害の発生の原因となった程度にも応じる（243条の2の8第2項）。

4. 妥当である（243条の2の7）。

5. 妥当でない。長は、議会の同意を得て、賠償責任の全部又は一部を免除することができる（243条の2の8第8項前段）。

正解は4

問題 地方自治法に定める公の施設に関する記述として、妥当なものはどれか。

1. 普通地方公共団体が、住民の福祉を増進する目的をもってその利用に供するために設けた施設を、公の施設といい、庁舎及び留置場は公の施設に当たる。

2. 普通地方公共団体は、公の施設について、異なる利用料金を設定することができるが、住民の利用を拒否することは一切許されない。

3. 普通地方公共団体は、公の施設の管理に係る指定管理者の指定の手続、管理の基準及び業務の範囲その他必要な事項を条例で定めなくてはならない。

4. 普通地方公共団体は、他の普通地方公共団体の公の施設を自己の住民の利用に供させるときは、必ずその関係普通地方公共団体と協議しなければならないが、その関係普通地方公共団体の議会の議決は必要としない。

5. 普通地方公共団体は、条例で定める特に重要な公の施設を廃止し、又は条例で定める長期かつ独占的な利用をさせようとするときは、議会において出席議員の過半数の者の同意を得なければならない。

解説　「公の施設」は非常に出題頻度が高い。特に設置・利用に関する事項と指定管理者制度が重要である。

　　〔公の施設のポイント〕〔指定管理者制度は75頁参照〕

(1)　**意義**：住民の福祉を増進する目的をもってその利用に供するための施設（244条1項）

　　①**住民福祉の増進**→競馬場・競輪場（財政上の必要）や留置施設（社会秩序維持）は当たらない。

　　②**住民利用**→庁舎、試験研究施設は当たらない。

　　③**その住民**→観光ホテルや物品陳列場は当たらない。

　　④**普通地方公共団体が設置**

　　　〈公の施設の例〉学校、図書館、公民館、道路、公園、墓地、公営住宅、保育所、病院、博物館等

(2)　**利用関係**（244条2項・3項）

　　・正当な理由がない限り、住民の利用を拒めない。

　　・不当な差別的取扱いをしてはならない。

(3)　**設置及び管理**（244条の2、244条の3）

　　・設置及び管理に関する事項は原則として条例で定める。

　　・条例で定める特に重要な公の施設の廃止等については、議会の特別同意（出席議員の3分の2以上の同意）。

　　・区域外設置や他の普通地方公共団体の公の施設の自己住民による利用ができる（当該普通地方公共団体と協議）。

1．妥当でない。

2．妥当でない。正当な理由があれば拒否できる。正当な理由としては、他の利用者に著しい迷惑を及ぼす危険があることが明白な場合などが考えられる。

3．妥当である。75頁も参照。

4．妥当でない。協議については議会の議決を経なければならない（244条の3第3項）。

5．妥当でない。

正解は3

地方自治法に定める指定管理者制度に関する記述として、妥当なものはどれか。

1. 指定管理者制度とは、普通地方公共団体が、民間に公の施設の管理を行わせる制度をいい、個人も指定管理者として指定することができる。

2. 指定管理者は、条例の定める範囲内において公の施設の管理を行うが、管理している公の施設について使用許可を行うことはできない。

3. 普通地方公共団体は、指定管理者の指定をしようとするときは、あらかじめ、当該普通地方公共団体の議会の議決を経なければならない。

4. 指定管理者は、普通地方公共団体からの求めがない限り、公の施設の管理の業務に関し、事業報告書を提出する必要はない。

5. 公の施設の利用に係る料金は、公の施設の利用の対価であるため、普通地方公共団体は、指定管理者に当該料金を収入として収受させることはできない。

〔指定管理者制度のポイント〕

(1) **導入の目的と背景**：平成15年に、行政サービスの向上と行政コストの削減の双方を達成するため創設。

　その背景には、①自治体の行財政運営改革への民間活力の積極的活用及び②公的主体以外の民間企業等による公的サービスの提供能力の向上がある。

(2) **意義**：公の施設の設置目的を効果的に達成するために必要があると認めるとき、条例の定めるところにより、その管理を指定管理者に行わせることができる（244条の2第3項）。

　（注）指定対象は法人その他の団体。個人は×。

　　　　指定には議会の議決が必要。

(3) **指定管理者の法的位置づけと権限**：管理に関する権利を指定管理者に委任して代行させるもので、指定管理者は、処分（使用許可等）もできるが、使用料の強制徴収、過料の賦課徴収等の権力色の強い事務は×。

(4) **指定管理者制度における利用料金**

　普通地方公共団体は、適当と認めるときは、その利用料金を当該指定管理者の収入として収受させることができる（244条の2第8項）。

(5) **指定管理者による適正管理のための仕組み**

　・毎年度終了後の事業報告書の提出義務（244条の2第7項）

　・長等の調査権及び監督権（244条の2第10項・11項）

1．妥当でない。

2．妥当でない。

3．妥当である。

4．妥当でない。毎年度終了後の事業報告書提出義務あり。

5．妥当でない。指定管理者の収入として収受させることができる。

正解は3

問題 普通地方公共団体に対する国又は都道府県の関与に関する次の記述として、妥当なものはどれか。

1. 普通地方公共団体がその事務の処理に関し国又は都道府県の関与を受け、又は関与を要することとされるのは、法律の規定に基づく場合に限られる。

2. 普通地方公共団体に対する国又は都道府県の関与の原則は、普通地方公共団体がその固有の資格において行為の名宛人となるもののほか、民間等と同じ立場で行為の名宛人となるものに適用される。

3. 国又は都道府県の関与を受け、又は要することとする場合における普通地方公共団体の自主性及び自立性への配慮が義務付けられているのは、普通地方公共団体の事務のうち自治事務に限られる。

4. 法定受託事務は、国又は都道府県においてその適正な処理を特に確保する必要がある事務であるから、それに関する普通地方公共団体に対する国又は都道府県の関与は、目的達成に必要な限り、一切制限されることはない。

5. 国は、できる限り、普通地方公共団体の事務のうち自治事務の処理に関しては、国又は都道府県の関与のうち代執行を受け、又は要することとすることのないようにしなければならない。

国等の関与の問題及び国と普通地方公共団体の間の係争処理の大きく2つの分野がある。

〔国等の関与のポイント〕

(1) **関与**：普通地方公共団体の事務の処理に関し国の行政機関又は都道府県の機関が行う一定類型行為（245条）

　　（注）普通地方公共団体が私人と同様な立場にある場合は関与に当たらない。

　①助言・勧告、②資料の提出要求、③是正の要求、④同意、⑤許可、認可又は承認、⑥指示、⑦代執行、⑧協議、⑨一定の行政目的を実現するため普通地方公共団体に対して具体的かつ個別的に関わる行為

　　（注）①～③、⑥、⑦の関与は地方自治法に直接の根拠となる規定があるが、他は地方自治法に直接の根拠となる規定がないため、法定主義の原則により、個別法の根拠が必要（245条の2）。

(2) **関与の原則**

　　①法定主義の原則（245条の2）、②一般法主義の原則（245条、245条の3）、③公正・透明の原則（247条～250条の6）

(3) **関与の基本原則**：目的達成のため、必要最小限、普通地方公共団体の自主性・自立性に配慮（245条の3第1項）

　　・自治事務の場合（245条の3第2項～6項）

　　・法定受託事務の場合（245条の3第2項・3項）

(4) **関与の手続**：①書面主義、②許認可等の基準の設定・公表、③標準処理機関の設定・公表等

1．妥当でない。関与の法定主義であるが、法律又はこれに基づく政令による（245条の2）。

2．妥当でない。民間等と同じ立場で行為の名宛人になる場合は関与ではなく、適用されない（245条1項）。

3．妥当でない。必要最小限度の原則は、自治事務に限られず、法定受託事務への関与にも及ぶ（245条の3）。

4．妥当でない。肢3の解説参照。

5．妥当である。245条の3第2項。

正解は5

問題 国と普通地方公共団体との間の係争処理に関する次の記述として、妥当なものはどれか。

1. 国地方係争処理委員会は内閣府に設置され、普通地方公共団体に対する国の関与に関する争いを処理することとされ、その委員は、両議院の同意を得て、内閣総理大臣が任命する。

2. 普通地方公共団体がその担任する事務に関する法令に基づく国との協議について不服がある場合は、当該協議に係る普通地方公共団体の対応いかんにかかわらず、いかなる場合にも国地方紛争処理委員会に対し審査を申し出ることができる。

3. 普通地方公共団体の執行機関は、普通地方公共団体に対する国の関与のうち是正の要求、許可の拒否、代執行その他の処分に不服があるときは、国地方係争処理委員会に対し、審査の申出をすることができる。

4. 国地方紛争処理委員会は、法定受託事務について国の普通地方公共団体に対する関与が違法と認める場合のみならず、普通地方公共団体の自主性・自立性を尊重する観点から不当と認める場合についても、国の行政庁に対して勧告を行うことができる。

5. 国地方紛争処理委員会の勧告に不服があるときは、普通地方公共団体の執行機関は、高等裁判所に対し、国の行政庁を被告として、国の関与の取消訴訟又は国の不作為の違法確認訴訟を提起できる。

解説

〔紛争処理のポイント〕

(1) 仕組み

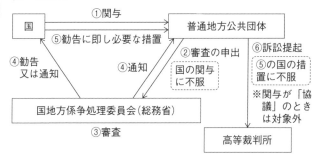

(2) 国地方係争処理委員会（250条の7〜250条の20）
   ・総務省に置く。
   ・委員5人（両議院の同意を得て、総務大臣が任命）
   ・審査の申出事由：①是正の要求、許可の拒否その他の処分
     その他公権力行使への不服、②不作為への不服、③協議不
     調への不服
   ・申出に対し、90日以内に審査し、勧告等を行う。
     自治事務：関与が違法又は不当な場合に勧告
     法定受託事務：関与が違法の場合に勧告
(3) 勧告の効果：勧告を受けた国の行政庁は、勧告に示された
   期間内に必要な措置を講ずる。委員会に通知。
(4) 関与に関する訴え（251条の5）及び普通地方公共団体の
   不作為に関する国の提訴（251条の7）
1．妥当でない。総務省に置かれ、委員は、総務大臣の任命。
2．妥当でない。協議不調のときである。
3．妥当でない。代執行については審査の申出はできない。
4．妥当でない。法定受託事務については、違法の場合のみ。
5．妥当である。

正解は5

問題　地方自治法に定める普通地方公共団体相互間の関係に関する記述として、妥当なものはどれか。

1．市町村相互の間に紛争があるときは、総務大臣が当事者の文書による申請に基づいて又は職権により、紛争解決のため、自治紛争処理委員を任命し、その調停に付することができる。

2．普通地方公共団体は、その事務の一部を共同して管理執行するため、協議会を設置することができ、この協議会が、関係普通地方公共団体の長の名において行った事務の管理執行は長が管理執行したものとしての効力を有する。

3．普通地方公共団体は、行政委員会や附属機関等を共同設置することができるが、この共同設置の協議については、関係普通地方公共団体の議会の議決を必要としない。

4．普通地方公共団体は、その事務の一部を他の普通地方公共団体に委託して、管理執行させることができるが、委託した事務に関する法令上の管理執行責任は、委託元の普通地方公共団体に帰属する。

5．普通地方公共団体の長は、他の普通地方公共団体の長に対し職員の派遣を求めることができ、この場合、派遣された職員は、派遣元の普通地方公共団体の職員としての身分を失う。

解説 普通地方公共団体相互の関係に関する問題である。
①都道府県と市町村の役割分担、②普通地方公共団体相互の係争処理、③普通地方公共団体相互の協力に分けられる。

〔都道府県と市町村の役割分担のポイント〕

・平成11年の地方自治法改正により、役割分担を明確化。
・都道府県：広域にわたるもの、市町村に関する連絡調整に関するもの、規模又は性質において一般の市町村が処理することが適当でないと認められるもの（2条5項）。
・都道府県は、知事の権限に属する事務の一部を、条例の定めるところにより、市町村が処理することとすることができる（252条の17の2第1項）。

〔係争処理のポイント〕

・国と地方の係争処理制度に準じた自治紛争処理委員制度（251条〜251条の4、251条の6、252条）

〔相互の協力関係〕

①連携協約（252条の2）、②協議会（252条の2の2）、③機関等の共同設置（252条の7）、④事務の委託（252条の14）、⑤事務の代替執行（252条の16の2）、⑥職員の派遣（252条の17）

1．妥当でない。都道府県が当事者である場合以外は、総務大臣ではなく、都道府県知事である（251条の2第1項）。
2．妥当である。252条の2の2、252条の5。
3．妥当でない。機関等の共同設置の協議については、議会の議決を必要とする（252条の7第3項）。
4．妥当でない。委託した事務の管理責任は、委託先の普通地方公共団体に帰属する（252条の16）。
5．妥当でない。派遣元の職員の身分と派遣先の職員の身分を併せ有することとなる（252条の17第2項）。　正解は2

問題 地方自治法に定める外部監査契約に基づく監査に関する記述として、妥当なものはどれか。

1. 外部監査人は、普通地方公共団体の職員としての身分を有しないため、収賄罪等の公務員に関する刑罰の適用は受けない。

2. 都道府県知事は、毎会計年度、当該会計年度に係る包括外部監査契約を、議会の議決を経て締結しなければならない。

3. 町村は、包括外部監査契約に基づく監査を受けることを条例で定めることによって実施することができるが、その場合には、条例を廃止しない限り、毎会計年度、包括外部監査を受けなければならない。

4. 普通地方公共団体の長は、包括外部監査契約を締結する場合において、これまで契約を締結したことがある者と、再び契約を締結することはできない。

5. 住民監査請求に係る個別外部監査の請求があった場合、当該請求に係る監査を個別外部監査契約によることができるかどうかは、その都度、長が裁量により判断する。

〔外部監査制度のポイント〕

解説
(1) **外部監査の意義**：外部の専門家が普通地方公共団体との契約に基づいて行う監査。

(2) **外部監査の趣旨**：監査機能の専門性・独立性の一層の充実及び監査機能に対する住民の信頼向上。

(3) **契約の相手方**：普通地方公共団体の財務管理、事業の経営管理その他行政運営に関し優れた識見を有する者であって、弁護士、公認会計士等（252条の28）。

　（注）外部性を確保するための欠格事由＝当該普通地方公共団体の職員であった者はなることができない（同条3項）。

(4) **外部監査契約の種類**

　①**包括外部監査契約**

　　都道府県・指定都市・中核市の長には、毎会計年度の契約締結義務がある（252条の36第1項）。これら以外の市及び町村は、条例で定めることにより、条例で定める会計年度のみ実施可能（252条の36第2項）。

　②**個別外部監査契約**

　　監査委員以外の者からの要求や請求に基づいて監査委員が監査を行うとされている場合（252条の39～252条の43）について、監査委員の監査に代えて契約に基づく外部監査によることを条例により定めている普通地方公共団体が、当該要求や請求をする者が理由を付して外部監査を求めたときに、その事項について、締結可能（252条の27第3項）。

(5) **外部監査結果の報告・公表**

　包括外部監査（252条の37第5項、252条の38第3項）、個別外部監査（252条の39第12項・13項等）

1．妥当でない。外部監査人は、監査の事務に関し、刑法その他の罰則の適用については、法令により公務に従事する職員とみなされる（252条の31第5項）。

2．妥当である。

3．妥当でない。平成29年改正により、緩和された。

4．妥当でない。連続して4回、同一の者と契約することはできない（252条の36第4項）。

5．妥当でない。長ではなく、監査委員の判断（252条の43）。

第3 特別地方公共団体── 1 特別区

> **問題** 地方自治法に定める特別区に関する記述として、妥当なものはどれか。

1. 特別区は、いわゆる政令指定都市における区と同様、特別地方公共団体である。

2. 特別区の事務には、一般の市の事務とされていないもので、特に法令により特別区の事務とされているものがあり、例として、都市計画決定に関する事務があげられる。

3. 特別区は、基礎的な地方公共団体と位置づけられているが、都知事は、特別区相互の間の調整上、特別区の事務の処理について、その処理基準を示す等必要な助言又は勧告をすることができる。

4. 特別区財政交付金の制度は、都が、都と特別区の財政の均衡化を図るために交付するものであって、特別区相互間の財政の均衡を図るための制度ではない。

5. 都及び特別区の事務の処理について、都と特別区及び特別区相互の間の連絡調整を図るため、必要があると認める場合には、都及び特別区をもって都区協議会を設けることができる。

解説

1．妥当でない。都の区を特別区といい（281条1項）、特別地方公共団体であり、地方公共団体としての区域や住民を有し、区長、議員が公選される等、市町村などの普通地方公共団体に極めて近い団体である（281条〜283条）。これに対し政令指定都市における区は行政区であって、地方公共団体ではない。特別区と行政区とは全く異なる。

2．妥当でない。前半は正しい。都市計画決定に関する事務は、一般の市が処理することとされている事務で283条2項の規定により特別区も処理するものであり、また、その一部を都が処理することとなっていることから特別区の事務は一般の市に比して範囲が狭い（都市計画法87条の3第1項）。

　　このように、特別区の事務は、法令により特に特別区が処理することとされている事務を除けば、都が特別区全域を通じて一体的に処理する事務があることから、一般の市よりも若干狭い。

3．妥当である。281条の6。

4．妥当でない。特別区財政交付金の制度は都と特別区の間だけでなく、特別区相互間の財源の均衡化を図り、及び特別区の行政の自主的かつ計画的な運営を確保するための制度である（282条）。

5．妥当でない。都区協議会の設置は任意ではなく、法律上、必置とされている（282条の2）。

正解は3

問題 地方自治法に定める一部事務組合に関する記述として、妥当なものはどれか。

1. 一部事務組合は、複数の市町村及び特別区がその事務の一部を共同して処理するために設立する特別地方公共団体であり、都道府県は一部事務組合に加入することはできない。

2. 同一都道府県内の複数の市町村が一部事務組合を設立しようとするときは当該都道府県知事の許可を得なければならず、異なる都道府県に属する市町村が一部事務組合を設立しようとするときは、総務大臣の許可を得なければならない。

3. 一部事務組合は、その議会を構成団体の議会をもって組織することとすることはできない。

4. 一部事務組合は、一の地方公共団体の共同処理しようとする事務が他の地方公共団体の共同処理しようとする事務と同一の種類のものでなければならない。

5. 一部事務組合の議会の議員は、当該一部事務組合を組織する地方公共団体の議会の議員と兼ねることができない。

解説　地方公共団体の組合には、①一部事務組合と②広域連合がある（284条1項）。

　（注）全部事務組合及び役場事務組合は廃止されていることに留意。

1．妥当でない。都道府県も一部事務組合に加入することができ、都道府県が加入する一部事務組合は、総務大臣の許可を得る（284条2項）。

2．妥当である。総務大臣は、関係都道府県知事の意見を聴いた上で、許可を行う（293条）。

3．妥当でない。住民意思の反映の確保、組織の簡素・効率化のため、一定の場合を除き、一部事務組合の議会を構成団体の議会をもって組織することができることとされている（287条の2。特例一部事務組合と呼ばれる）。

4．妥当でない。市町村及び特別区の事務に関し相互に関連するものを共同処理するための市町村及び特別区の一部事務組合については、共同処理しようとする事務が同一の種類のものでない場合でも、一部事務組合を設立できる（285条。複合的一部事務組合と呼ばれる）。

5．妥当でない。一部事務組合の議会の議員は、当該一部事務組合の構成団体の議会の議員と兼ねることができる（287条2項）。

正解は2

問題　地方自治法に定める広域連合に関する記述として、妥当なものはどれか。

1．広域連合は、普通地方公共団体及び特別区の事務で、広域にわたり処理することが適当であり、かつ組織する地方公共団体相互間で同一であるものについて、共同して処理することができる。

2．広域連合の議会の議員は、その規約で定めるところにより、広域連合を組織する普通地方公共団体において選挙するか、広域連合を組織する議会の議員をもって充てる。

3．広域連合を組織する地方公共団体は、その議会の議決を経て、その協議により広域計画を作成し、広域連合は、広域計画に基づいて、その事務を処理するようにしなければならない。

4．広域連合は、広域計画に定める事項を一体的かつ円滑に推進するため、広域連合の条例で、必要な協議を行うための協議会を置くことができる。

5．広域連合を解散しようとするときは、関係地方公共団体の協議により、設置許可の場合にならい、総務大臣又は都道府県知事に対し、その旨の届出をしなければならない。

解説 特別地方公共団体の分野においては、広域連合に関する事項の出題頻度が非常に高い。介護保険の実施のために広域連合を設置している例が多いことも関係しているのではないかと思われる。

1. 妥当でない。広域連合は、広域にわたり処理することが適当であると認められるものに関し設けることができ、共同処理する事務が同一の事務である必要はない（284条3項）。

2. 妥当でない。広域連合の議会の議員は、広域連合の選挙人（広域連合を組織する普通地方公共団体又は特別区の議会の議員及び長の選挙権を有する当該広域連合の区域内に住所を有するもの）が投票により、又は広域連合を組織する地方公共団体の議会においてこれを選挙する（291条の5第1項）。

3. 妥当でない。広域計画を作成するのは、広域連合自身である。後半は正しい（291条の7第1項・4項）。

4. 妥当である。291条の8第1項。

5. 妥当でない。広域連合の解散については、総務大臣又は都道府県知事の許可を受けなければならない（291条の10第1項）。

正解は4

> **問題** 地方公務員法に定める地方公務員の一般職及び
> 特別職に関する記述として、妥当なものはどれ
> か。

1. 地方公営企業法に基づき設置される地方公営企業の管理者
   の職は、一般職である。

2. 臨時又は非常勤の顧問、参与、調査員及び嘱託員は、いか
   なる事務を行う者であれ、常時勤務することを必要としな
   い一般職とされている。

3. その就任について、地方公共団体の議会の同意によること
   を必要とする職の全てが特別職というわけではなく、常勤
   の監査委員は、一般職である。

4. 都道府県労働委員会の委員の職で常勤のものは、特別職と
   されている。

5. 議会事務局の職員は、議長に任免されるなど、その職務と
   責任に基づき、特別職とされている。

解説 地方公務員法上、一般職か特別職かの区分は重要である。地方公務員法は原則として一般職にのみ適用されるからである（地方公務員法4条）。
　　　一般職か特別職かは、同法3条が定めている。

(1) 地方公務員の職は一般職と特別職に分ける。
(2) 一般職は、特別職に属する職以外の一切の職とする。
(3) 特別職は次に掲げる職とする。
　①就任について公選又は地方公共団体の議会の選挙、議決若しくは同意によることを必要とする職
　②地方公営企業の管理者及び企業団の企業長の職
　③法令又は条例、地方公共団体の規則若しくは地方公共団体の機関の定める規程により設けられた委員及び委員会（審議会その他これに準ずるものを含む）の構成員の職で臨時又は非常勤のもの
　④都道府県労働委員会の委員の職で常勤のもの
　⑤臨時又は非常勤の顧問、参与、調査員、嘱託員及びこれらの者に準ずる者の職（専門的な知識経験又は識見を有する者が就く職であって、当該知識経験又は識見に基づき、助言、調査、診断その他総務省令で定める事務を行うものに限る）
　　※⑤の括弧書は、任用要件を厳格化し、必要な範囲で「会計年度任用職員」への移行がなされるようにする趣旨で、法改正で追加された。
　⑥投票管理者、開票管理者、選挙長、選挙分会長、審査分会長、国民投票分会長、投票立会人、開票立会人、選挙立会人、審査分会立会人、国民投票分会立会人その他総務省令で定める者の職
　⑦地方公共団体の長、議会の議長その他地方公共団体の機関の長の秘書の職で条例で指定するもの
　⑧非常勤の消防団員及び水防団員の職
　⑨特定地方独立行政法人の役員
1．妥当でない。上記（3）②。
2．妥当でない。上記（3）⑤。
3．妥当でない。上記（3）①（地方自治法196条も参照）。
4．妥当である。
5．妥当でない。議会事務局の職員は一般職である。　正解は4

> **問題**　地方公務員法に定める任命権者に関する記述として、妥当なものはどれか。

1. 任命権者は、地方公務員法に定められた者に限定され、その他の者が任命権者となることは認められていない。

2. 任命権者は、任命権の一部をその補助機関である上級の職員に委任することができ、委任された者が更に他の者に複委任することもできる。

3. 任命権は、長及びその他の執行機関に分与されているが、各任命権者の組織及びその運営の合理化を図るため、長に必要な決定を行う権限が付与されている。

4. 人事委員会又は公平委員会の事務職員の任命権者は、それぞれの委員会自身である。

5. 選挙管理委員会は、長から独立した執行機関であり、選挙管理委員会の事務局の職員の任命権者は、議会の議長である。

〔任命権者のポイント〕

(1) **任命権者**とは、地方公務員法並びにこれに基づく条例、地方公共団体の規則及び地方公共団体の機関の定める規程に従い、それぞれ職員の任命、人事評価（任用、給与、分限その他の人事管理の基礎とするために、職員がその職務を遂行するに当たり発揮した能力及び挙げた業績を把握した上で行われる勤務成績の評価をいう）、休職、免職及び懲戒等を行う権限を有するもの（6条1項）。

(2) **任命権者の具体例**（6条1項）

①長、②議会の議長、③選挙管理委員会、④代表監査委員、⑤教育委員会、⑥人事委員会及び公平委員会、⑦警視総監及び道府県警察本部長、⑧消防長　等

(3) **任命権者の権限委任**

任命権者は、その権限の一部をその補助機関たる上級の地方公務員に委任することができる（6条2項）。受任者は自らの名義でその権限を行使する。なお、複委任はできない（昭27.1.25行政実例）。

1．妥当でない。地方公務員法は例示列挙であって、法令又は条例に基づく者も任命権者となる（6条1項）。

2．妥当でない。複委任はできないとされている。

3．妥当でない。任命権者の人事権行使をチェックする機関は人事委員会又は公平委員会であって、長に肢のような権限は付与されていない。

4．妥当である。人事委員会及び公平委員会は任命権者の人事権の行使をチェックする機関であるとともに、任命権者でもある。

5．妥当でない。選挙管理委員会の事務局職員の任命権者は選挙管理委員会である。　　　　　　　　　　正解は4

> **問題** 地方公務員法に定める人事委員会に関する記述として、妥当なものはどれか。

1. 人事委員会は、法律、条例、規則及び規程に従い、職員の任命、休職、免職及び懲戒等を行う権限を有する。

2. 人事委員会は、その委員を罷免するには、心身の故障のため職務の遂行に堪えないと認める場合を除き、議会の同意を得ることを要しない。

3. 人事委員会は、準立法的権限として人事委員会規則により、営利企業等への従事制限に対する許可の基準を定める権限がある。

4. 人事委員会は、準司法的権限として勤務条件に関する措置要求の審査権を有するが、裁判所ではないことから証人喚問の権限までは認められていない。

5. 人事委員会は、職員の競争試験及び選考を実施する権限を有するが、委員会の独立性を確保するため、この権限を他の機関に委任することができない。

〔人事委員会・公平委員会のポイント〕

解説

(1) **人事委員会・公平委員会**は、任命権者が人事権を適正に行使するよう、助言、審査等を行う第三者的中立性をもった行政委員会（人事行政の専門的執行機関）。

(2) **設置**
　①都道府県・政令指定都市：人事委員会（7条1項）
　②政令指定都市以外の人口15万人以上の市・特別区：人事委員会又は公平委員会（7条2項）
　③人口15万人未満の市・町・村、地方公共団体の組合：公平委員会（7条3項）

(3) **委員3名**。議会同意で長が任命（9条の2）。

(4) **公平委員会の設置の特例**
　①公平委員会を置く他の地方公共団体との共同設置（7条4項、地方自治法252条の7）
　②他の地方公共団体の人事委員会への委託（7条4項、地方自治法252条の14）

(5) **権限**
　①準立法的権限：規則制定権（8条5項）
　②準司法的権限：勤務条件措置要求の審査（47条）、不利益処分に関する審査請求（50条）等
　③行政的権限
　　（注）人事委員会と公平委員会とで違いがある（8条）。

1．妥当でない。肢の権限は任命権者（6条1項）。
2．妥当でない。職務上の義務違反その他委員たるに適しない非行があるときの罷免にも議会同意が必要（9条の2第6項）。
3．妥当である。38条2項。
4．妥当でない。8条6項。
5．妥当でない。委任できる（8条3項）。

正解は3

95

地方公務員法に定める職員に適用される基準に関する記述として、妥当なものはどれか。

1. 平等取扱いの原則は、憲法の定める法の下の平等の原則に基づくものとされ、これに反して差別を行った者に対して、地方公務員法は、罰則を定めている。

2. 平等取扱いの原則は、任用の根本基準であり、日本国籍を有しない者に対しても、当然に適用される。

3. 日本国憲法又はその下で成立した政府を暴力で破壊することを主張する政党に加入している者であっても、地方公務員法の適用について差別されることはない。

4. 情勢適応の原則とは、地方公務員法に基づいて定められた勤務条件が地方公共団体全体の情勢に適応するようにし、地方公共団体間の不均衡を防止しようとするものである。

5. 情勢適応の原則は、地方公共団体に対し配慮を求めるものであって、その原則に沿うよう具体的な措置を講ずることを求めるものではない。

解説　地方公務員法は、職員に適用される基準の通則事項として、①平等取扱いの原則（13条）及び②情勢適応の原則（14条）を定めている。

1．妥当である。罰則は、60条1号である。

2．妥当でない。平等取扱いの原則は、任用の根本基準であることは正しい。また、地方公務員法上外国籍の者を職員に採用することを禁止する規定がない。

　　現在では、自治体のほとんどが外国人に採用の道を開き、従来「外国人が公権力の行使、公の意思形成に参加できないことからくる当然の法理」という考え方に基づいて、受験資格における国籍条項の明記を指導してきた旧自治省（総務省）も96年11月、国籍条項の撤廃を容認した。

　　しかし、憲法14条は、「すべて国民は」としており、かつ、従来の経緯もあり、国籍条項によって管理職試験の受験を拒まれ、資格の確認を求めた在日韓国人2世の女性の訴訟では、最高裁は2005年1月26日の判決で受験拒否は合法と判断しているところであり、当然に適用されるとはいい難い。

3．妥当でない。13条は、16条4号に規定する場合について、平等取扱い原則の適用を除外している。

4．妥当でない。社会一般の情勢に適応するように措置する原則である（14条1項）。

5．妥当でない。14条1項は、「随時、適当な措置を講じなければならない」としており、かつ、同条2項は、「人事委員会は、随時、講ずべき措置について地方公共団体の議会及び長に勧告することができる」としている。

正解は1

> 地方公務員法に定める任用上の原則に関する記述として、妥当なものはどれか。

1. 成績主義の原則は、任用の根本基準とされ、これに反して任用を行った者については、罰則がある。

2. 成績主義の原則は、一般職か特別職かの相違にかかわらず、すべての地方公務員に必ず適用される。

3. 成績主義の原則にいう能力の実証とは、受験成績や人事評価により能力の有無及び程度を現実に証明することであり、勤務経験や学歴は能力の実証の対象外である。

4. 競争試験については、平等取扱いの原則に照らし、受験資格を定めることは認められない。

5. 職員団体に加入し、その活動を行ったときには、その活動が適法な場合においても、任用に際して不利益な取扱いを受けることがある。

解説　任用上の原則としては、①成績主義の原則（15条）、②平等取扱いの原則（13条）及び③職員団体活動等による不利益取扱いの禁止（56条）が定められている。

　なお、任用（採用・昇任・降任・転任）については、定義規定があり、その概念が、次のように明確化されている（15条の2第1号〜4号）。

　　①採用：職員以外の者を職員の職に任命すること（臨時的任用を除く）。

　　②昇任：職員をその職員が現に任命されている職より上位の職制上の段階に属する職員の職に任命すること。

　　③降任：職員をその職員が現に任命されている職より下位の職制上の段階に属する職員の職に任命すること。

　　④転任：職員をその職員が現に任命されている職以外の職員の職に任命することであって、昇任・降任に該当しないもの。

1．妥当である。罰則は、61条2号である。

2．妥当でない。地方公務員法は、原則として特別職には適用されない（4条2項）。

3．妥当でない。能力の実証とは、公務遂行能力を有すると認めるに足りる客観的な事実があることであり、勤務経験や学歴も実証の対象となると解されている。

4．妥当でない。人事委員会等は、受験者に必要な資格として職務の遂行上必要であって最少かつ適当な限度の客観的かつ画一的な要件を定めるものとされている（19条）。

5．妥当でない。職員団体活動等による不利益取扱いの禁止（56条）。

正解は1

問題 地方公務員法に定める欠格条項に関する記述として、妥当なものはどれか。

1．禁錮以上の刑が確定し、その執行を猶予された者は、法に定める欠格事由に該当しないため、執行猶予期間中に職員となり、又は競争試験若しくは選考を受けることができる。

2．ある地方公共団体において懲戒免職の処分を受け、当該処分の日から2年を経過しない者は、当該地方公共団体のほか、他の地方公共団体においても、職員となり、又は競争試験若しくは選考を受けることができない。

3．日本国憲法又はその下に成立した政府を暴力で破壊することを主張する団体の結成には関与せず、加入しただけの者は、法に定める欠格事由に該当しない。

4．欠格事由に該当する者を誤って任用した場合、その任用行為は当然無効であり、その者に支払った給与は、必ず、全額返還させなければならない。

5．現に職員である者は、欠格条項に該当するに至ったときは、条例に特別の定めがある場合を除くほか、その職を失う。

地方公共団体の職については、一定の状況にある者については、「全体の奉仕者」として公務を担当させることから排除すべく、職員になる資格を認めないことが合理的な場合があり、これを定める条項を欠格条項という（16条）。

(1) **欠格事由**：①禁錮以上の刑に処せられ、その執行を終わるまで又はその執行を受けることがなくなるまでの者、②当該地方公共団体において懲戒免職の処分を受け、当該処分の日から２年を経過しない者、③人事委員会又は公平委員会の委員の職にあって、60条から63条までに規定する罪を犯し刑に処せられた者、④日本国憲法施行の日以後において、日本国憲法又はその下に成立した政府を暴力で破壊することを主張する政党その他の団体を結成し、又はこれに加入した者

(2) **欠格事由該当の効果**
 ・職員となり、又は競争試験若しくは選考を受けることができない。
 ・現に職員である者がこれに該当することとなったときは、原則として、当然にその職を失う（28条４項）。

1．妥当でない。執行猶予期間中も欠格事由に該当する。
2．妥当でない。懲戒免職に係る欠格事由が適用になるのは、当該地方公共団体である。
3．妥当でない。加入しただけの者も欠格事由に該当する。
4．妥当でない。採用は当然に無効となるが、その間に行った行為は有効であり、給与も労働の対価となる部分は有効であり返還を求めることはできないとされる。
5．妥当である。

正解は5

問題 地方公務員法に定める任用に関する記述として、妥当なものはどれか。

1. 職員の採用については、人事委員会を置く地方公共団体は必ず競争試験により行うこととされ、人事委員会を置かない地方公共団体は競争試験又は選考により行うこととされている。

2. 採用試験は、公開平等の原則に従い、合格基準を含め、受験資格を有する全ての国民に対して平等の条件で公開されなければならない。

3. 選考は、当該選考に係る職の属する職制上の段階の標準的な職に係る標準職務遂行能力及び当該選考に係る職についての適性を有するかどうかを正確に判定することをもってその目的とする。

4. 任命権者が職員を昇任させる場合には、その職がいかなる職であっても、必ず昇任試験が行われなければならない。

5. 職員の転任は、競争試験又は選考により、任命しようとする職の標準職務能力及び当該任命しようとする職についての適性を判断して行うものとする。

〔任用のポイント（根本基準・欠格条項除く）〕

(1) **任用の種類**：職員の職に欠員を生じた場合、任命権者は、①採用、②昇任、③降任又は④転任のいずれかの方法により、職員を任命することができる（17条1項）とされている。それぞれの意味は、15条の2により定義されている〔99頁参照〕。

(2) **その他の任用**：実際の任用では、上記4種類のほか、次のような方法が運用により行われている。

①兼職：その職を保有したまま他の職に任用。

②充て職：兼職の一種。ある職の職員を法令等の規定により当然に他の職をも占めるものとすること。具体的な任命行為は不要。

③事務従事：ある職にある職員に、他の職の職務を行うべきことを命ずる（職務命令）。

他に、出向、派遣、事務取扱などがある。

(3) **任用方法**

①採用：人事委員会設置団体＝競争試験、例外的に選考。
　　　　人事委員会非設置団体＝競争試験又は選考。

②昇任：当該職員の人事評価その他の能力の実証に基づく。
　　　　一定の職に昇任させる場合は昇任試験又は選考。

③降任及び転任：当該職員の人事評価その他の能力の実証に基づく（競争試験、選考を行う必要はない）。

1．妥当でない。人事委員会を置く地方公共団体も人事委員会規則で定める場合には選考によることを妨げられない（17条の2第1項）。

2．妥当でない。合格基準の平等公開は定められていない。

3．妥当である。21条の2第1項。

4．妥当でない。人事委員会（人事委員会を置かない地方公共団体においては任命権者）が定める職に昇任させる場合に限り、昇任試験又は選考が行われなければならない（21条の4第1項）。

5．妥当でない。職員の転任については、競争試験又は選考によることは不要（21条の5第2項）。

正解は3

> **問題** 地方公務員法に定める条件付採用に関する記述として、妥当なものはどれか。

1. 職員の採用は、臨時的任用又は非常勤職員の任用の場合を除き、全て条件付採用とする。

2. 条件付採用期間中の職員が、条件付採用期間を経過した後に正式に採用されるためには、任命権者による新たな通知が必要とされている。

3. 条件付採用期間中の職員について、その職務能力の実証が得られない客観的事情があるときは、人事委員会又は公平委員会は、条件付採用期間を2年に至るまで延長することができる。

4. 条件付採用期間中の職員は、不利益処分に関する不服申立てをすることはできないが、勤務条件に関する措置要求や職員団体への加入については、正式採用の職員と同様の取扱いがなされる。

5. 条件付採用期間中の職員については、分限処分に関する規定が適用されないことから、地方公共団体は、条件付採用期間中の職員の分限について、必要な事項を定めることはできない。

〔条件付採用のポイント〕

(1) **意義**：実務を通じて能力実証を行い、採用試験・選考を補完し、真の適格者を採用するための制度。

　　能力の実証を実地に行うという意味で民間の「試用期間」の制度と同じ趣旨。

(2) **期間**：採用後6月（会計年度任用職員にあっては、1月。22条の2第7項）。この期間に能力実証が得られない客観的事情があるとき、人事委員会等は、人事委員会規則（人事委員会を置かない地方公共団体においては、地方公共団体の規則）で定めるところにより、その期間を1年に至るまで延長可（22条）。

(3) **期間満了の効果**：条件付採用期間を良好な成績で職務を遂行したときは、特別の手続を要することなく、期間満了の日において当然正式採用となる。

(4) **身分取扱いの特例**（29条の2）

　①分限に関する規定の適用なし（ただし、条例で分限に関する事項を定めることができる）。

　②不利益処分に関する審査請求に関する規定・行政不服審査法の規定の適用なし。

　　（注）服務、懲戒、措置要求、職員団体への加入は正式採用の職員と同じ。

(5) **適用除外**：臨時的任用職員又は特別職非常勤職員には条件付任用は適用されない。臨時的任用は15条の2第1項1号において「採用」には当たらないし、特別職には地方公務員法の適用がないからである。

　　※一般職非常勤職員の採用は条件付の採用となる。

1．妥当でない。臨時的任用又は特別職非常勤職員の任用には条件付採用の適用はないが、一般職非常勤職員の採用は条件付のものとなる（22条）。

2．妥当でない。特別の手続を要することなく、期間満了の日において当然に正式採用となる。

3．妥当でない。条件付採用期間の延長は1年に至るまでとされている（22条）。

4．妥当である。

5．妥当でない。条例で分限に関する事項を定めることができる（29条の2第2項）。

正解は4

問題 地方公務員法に定める会計年度任用職員及び臨時的任用職員に関する記述として、妥当なものはどれか。

1. 会計年度任用職員とは、一会計年度を超えない範囲内で置かれる職を占める職員をいい、全て非常勤の職であり、かつ、再任用の短時間勤務の職を占める職員もこれに含まれる。

2. 任命権者は、いかなる場合であっても、任用時に命じた任期を超えて会計年度任用職員の任期を更新することはできない。

3. 会計年度任用職員及び臨時的任用職員は、条件付任用の対象とはならない。

4. 会計年度任用職員のうちパートタイム勤務の職員及び臨時的任用職員には、営利企業の従事制限は適用されない。

5. 人事委員会を置く地方公共団体においては、任命権者は、常時勤務を要する職に欠員を生じた場合において、緊急のとき、臨時の職に関するとき、又は採用候補者名簿や昇任候補者名簿がないとき、臨時的任用を行うことができる。

解説　令和２年に、一般職の会計年度任用職員の仕組みの創設と、特別職非常勤職員及び臨時的任用職員の任用要件の厳格化がセットで行われ、必要な範囲で会計年度任用職員への移行が図られた。

　以下に、会計年度任用職員と臨時的任用職員について項目毎に比較してまとめた表を記載する。

	会計年度任用職員 （パートタイム）	会計年度任用職員 （フルタイム）	臨時的任用職員
根拠規定	22条の２第１項１号	22条の２第１項２号	22条の３第１項・４項
採用要件	一会計年度を超えない範囲で置かれる非常勤の職（22条の４第１項に規定する短時間勤務の職を除く）		常時勤務を要する職に欠員を生じた場合において、①緊急のとき、②臨時の職に関するとき、③採用候補者名簿や昇任試験名簿がないときのいずれかに該当
	一週間当たりの通常の勤務時間が常勤職員の一週間当たりの通常勤務時間に比べ短い	一週間当たりの通常の勤務時間が常勤職員の一週間当たりの通常勤務時間と同一	
採用方法	競争試験又は選考（面接や書類選考も可）		規定なし
任　期	一会計年度で、採用の日から同日の属する会計年度の末日までの期間の範囲内で任命権者が定める。一定の場合に更新可		６月以内（６月以内で更新可）・再度の任用不可
条件付採用	対象		対象外
服　務	適用あり（30～37条） （注）営利企業従事制限適用なし	適用あり（30～38条）	
分限処分	適用あり（27条、28条）		適用なし（29条の２） （注）条例で規定可
懲戒処分	適用あり（27条、29条）		
報酬・費用弁償／給料・通勤手当	報酬、費用弁償（時間外手当、宿日直手当、休日勤務手当、夜間勤務手当に相当する報酬含む）	給料・通勤手当	

１．妥当でない。22条の２第１項。
２．妥当でない。22条の２第２項～４項。
３．妥当でない。
４．妥当でない。38条。
５．妥当である。22条の３。

正解は５

107

問題 地方公務員法に定める勤務条件の根本基準に関する記述として、妥当なものはどれか。

1. 職員の給与は、その職務と成果に応ずるものでなければならず、その責任の程度を勘案する必要はない。

2. 職員の給与は、生計費及び他の地方公共団体の職員の給与を考慮して定めなければならないが、国の公務員や民間事業の従業員の給与を考慮することは求められていない。

3. 職員が他の職員の職を兼ねる場合においては、公平性の観点から、その兼ねる職の分を増額して給与を支給しなければならない。

4. 職員の勤務時間その他職員の給与以外の勤務条件を定めるに当たっては、国及び他の地方公共団体の職員との間に均衡を失しないように適当な考慮が払われなければならない。

5. 職員の給与、勤務時間その他の勤務条件は、地方公共団体の長の規則によって定められなければならない。

〔勤務条件の根本基準のポイント〕

解説

(1) 職務給の原則（24条1項）

　　　　職員の給与は、その職務と責任に応ずるものでなければならないという原則

(2) 均衡の原則

　①給与決定の場合（24条2項）

　　　職員の給与は、生計費、国及び他の地方公共団体の職員の給与、民間事業の従事者の給与その他の事情を考慮して定めなければならない。

　②給与以外の勤務条件の場合（24条4項）

　　　職員の勤務時間その他給与以外の勤務条件を定めるに当たっては、国及び他の地方公共団体の職員との間に均衡を失しないように、適当な考慮が払われなければならない。

(3) 条例主義（24条5項）

　　職員の給与、勤務時間その他の勤務条件は、条例で定めなければならない。

1．妥当でない。職務給の原則。

2．妥当でない。給与決定における均衡の原則。

3．妥当でない。24条3項は、「職員は、他の職員の職を兼ねる場合においても、これに対して給与を受けてはならない」と定めている。

4．妥当である。

5．妥当でない。条例主義。

正解は4

問題　地方公務員法に定める給与に関する記述とし
て、妥当なものはどれか。

1．給与とは、職員の勤務に対する報酬として支給されるもの
　をいい、給料、手当及び共済制度に基づく給付の3種類に
　区分される。

2．給与均衡の原則とは、職員の給与が職員の職務と責任に応
　ずるものでなければならないとする原則をいう。

3．職員の給与については、給料表や各種手当の額などの具体
　的な事項について条例で定めなければならないが、単純労
　務職員の給与については、条例で定めるのは、給与の種類
　と基準のみとされている。

4．人事委員会は、毎年少なくとも1回、給料表が適当である
　かどうかについて地方公共団体の議会及び長に同時に報告
　することとされているが、給料の増減を勧告することはで
　きない。

5．市町村（指定都市を除く。以下同じ）の教育職員のうち県
　費負担職員の給与は、都道府県が負担するが、職員の身分
　は市町村に属することから、具体的な支給額は、各職員が
　所属する市町村の条例で定めなければならない。

解説

〔給与に関するポイント〕

(1) **意義**：職員の職務に対する対価の総称

給料（基本給）＋各種手当

(2) **種類**

①常勤職員の給与＝給料及び諸手当

（注）諸手当：扶養手当、地域手当、住居手当、通勤手当、特殊勤務手当、時間外勤務手当、休日勤務手当、管理職手当、期末手当、勤勉手当等（地方自治法204条2項）

②非常勤職員の給与＝報酬

(3) **給与決定に関する原則**〔109頁参照〕

①職務給の原則、②均衡の原則、③条例主義

(4) **給与支給に関する原則**

①給与支払3原則：通貨、直接、全額（25条2項）

②重複給与支給の禁止（24条3項）

(5) **人事委員会の役割**

　毎年少なくとも1回、給料表が適当であるかどうかについて地方公共団体の議会及び長に同時に報告する。また、給与を決定する諸条件の変化により、給料表に定める給料を増減することが適当であると認めるときは、併せて適当な勧告をすることができる（26条）。

1．妥当でない。共済制度に基づく給付は給与ではない。

2．妥当でない。24条1項。

3．妥当である。条例主義であるが、企業職員及び単純労務職員の給与については、条例主義は適用されず、給与の種類と基準のみを条例で定めることとされている（地方公営企業法38条4項）。

4．妥当でない。給料の増減についても勧告できる。

5．妥当でない。県費負担教職員の給与は、都道府県の条例で定める（地方教育行政の組織及び運営に関する法律42条）。

正解は3

問題 地方公務員法に定める休業に関する次の記述のうち、妥当なものはどれか。

1. 職員は、大学その他の教育施設における修学のための休業を申請することができ、任命権者は、公務の運営に支障がない場合には、当該職員の公務能力の向上に資するかどうかにかかわらず、1週間の勤務時間の一部について勤務をしないことを承認することができる。

2. 任命権者は、高齢者として条例で定める年齢に達した職員が申請した場合に、公務の運営に支障がないと認めるときは、申請者が示した日から定年退職日まで、1週間の勤務時間の一部について勤務しないことを承認することができる。この間の給与は支給されない。

3. 大学等課程の履修又は国際貢献活動のための休業で、任命権者は、その職員の公務に関する能力向上に資すると認めるときは、給与を支給しつつ、3年を超えない範囲内において勤務しないことを承認することができる。

4. 職員が外国での勤務その他の事由により外国に住所又は居所を定めて滞在するその配偶者と当該住所又は居所において生活を共にするための休業(配偶者同行休業)の期間の延長は、1回に限られる。

5. 地方公務員法には育児休業に関する具体的な定めはなく、地方公共団体の職員の育児休業は、地方公共団体ごとに、それぞれの条例によって定められている。

〔休業に関するポイント〕

(1) **修学部分休業**（26条の2）

職員が大学その他の教育施設における修学のため、条例で定める期間中、1週間の勤務時間の一部について認められる休業（任命権者の承認。減額給与支給）

(2) **高齢者部分休業**（26条の3）

高年齢の職員につき、条例で定める年齢に達した日以後の日で申請した日から定年退職日までの期間中、1週間の勤務時間の一部について認められる休業（任命権者の承認。減額給与支給）

(3) **自己啓発休業**（26条の5）

3年を超えない範囲内において条例で定める期間、大学等課程の履修又は国際貢献活動のために認められる休業（任命権者の承認。職は保有するが職務に従事せず、給与支給しない）

(4) **配偶者同行休業**（26条の6）

3年を超えない範囲内において条例で定める期間、外国での勤務等の事由で外国に滞在する配偶者と生活を共にするために認められる休業（任命権者の承認。職は保有するが職務に従事せず、給与支給しない）

(5) **育児休業**（地方公務員の育児休業等に関する法律）

(6) **大学院修学休業**（教育公務員特例法）

1. 妥当でない。公務に支障がなく、かつ、当該職員の公務に関する能力の向上に資すると認める場合に承認。

2. 妥当でない。減額して給与を支給する。

3. 妥当でない。給与は支給されない。

4. 妥当である。26条の6第3項。

5. 妥当でない。地方公務員の育児休業等に関する法律。

正解は4

地方公務員法に定める分限に関する記述として、妥当なものはどれか。

1．職員は、法律に定める事由による場合でなければ免職処分を受けることはなく、また、法律又は条例に定める事由による場合でなければ降任処分を受けることはない。

2．職員は、刑事事件に関し起訴された場合には、免職処分となる。

3．地方公務員法は、職員が休職処分とされることがある場合の事由として、心身の故障のため、職務の遂行に支障がある場合を定めている。

4．任命権者は、職制若しくは定数の改廃又は予算の減少による廃職又は過員を生じた場合、その意に反して職員を降任又は免職することができる。

5．条件付採用期間中の職員及び臨時的任用職員には、分限の規定の適用がなく、一切の身分保障がない。

解説 〔分限処分に関するポイント〕

(1) **種類**：免職、降任、休職、降給

(2) **分限事由**（27条2項・28条）

①降任及び免職：地方公務員法に定める場合

・人事評価又は勤務の状況を示す事実に照らして、勤務実績がよくない場合

・心身の故障のため、勤務の遂行に支障があり、又はこれに堪えない場合

・その職に必要な適格性を欠く場合

・職制若しくは定数の改廃又は予算の減少により廃職又は過員を生じた場合

（注）免職・降任の人数について任命権者は裁量権を有するが、一定の限界（平等取扱いの原則、不利益取扱いの禁止等）がある。この限界を超えた場合は違法な行政処分となると解される。

②休職：地方公務員法又は条例で定める場合

・心身の故障のため、長期の休養を要する場合

・刑事事件に関し起訴された場合

・条例に定める事由に該当する場合

③降給：条例で定める場合

(3) **適用除外**（29条の2）

条件付採用期間中の職員・臨時的任用職員には、分限の規定は適用されない。これらの職員の分限については条例で必要な事項を定めることができる。

1．妥当でない。降任も法律に定める事由による場合のみ。

2．妥当でない。刑事事件に関し起訴された場合は、休職処分事由である。

3．妥当でない。肢の事由は、免職事由。

4．妥当である。

5．妥当でない。これらの職員の分限については条例で必要な事項を定めることができるとされ、その範囲内で身分保障が行われる（29条の2第2項）。　　　　　　　正解は4

問題 地方公務員法に定める懲戒に関する記述として、妥当なものはどれか。

1. 地方公務員法は、懲戒の事由として、法令等に違反した場合、人事評価に照らして勤務実績がよくない場合又は職務を怠った場合を定めている。

2. 地方公務員法は、懲戒処分の種類を免職、停職、降給、訓告の4種類に限定しており、条例等によりこれ以外の懲戒処分を定めることはできない。

3. 懲戒処分の手続及び効果は、条例で定めることとされ、条例で、懲戒処分の執行猶予を可能とする規定を定めることができる。

4. 任命権者は、複数の義務違反に対して1つの懲戒処分を行うこともでき、1つの義務違反に対して複数の懲戒処分を行うこともできる。

5. 職員の行為が、分限処分と懲戒処分の両方の事由に該当する場合は、任命権者が事案に即し、一方あるいは両方の処分を行うべきとされている。

解説

〔懲戒処分に関するポイント〕

(1) **種類**：免職、停職、減給、戒告（29条1項）

　　　（注）厳重注意、訓告、始末書の提出などは、懲戒処分ではなく、将来を戒める事実上の行為又は本人の自戒を文書で表明させる事実上の行為である。

(2) **事由**：地方公務員法に定める事由に該当していなければ懲戒処分を受けることはない（29条1項、27条3項）。

①法令等に違反した場合

②職務上の義務に違反し、又は職務を怠った場合

③全体の奉仕者たるにふさわしくない非行があった場合

　　　（注）いずれの懲戒処分を行うかは、懲戒権者（任命権者）が、該当する事由の程度、その性質によって決定する。

(3) **分限処分と懲戒処分の関係**

　　分限処分は公務の能率を確保するためのもの。一方懲戒処分は職員の道義的責任を追及するもの。両者は趣旨を異にし、懲戒処分事由に該当し懲戒処分を行うべき場合に、これに代えて分限処分を行うことは許されない。その逆も許されない。

　　分限処分と懲戒処分の両方の事由に該当する場合は、任命権者が事案に即し、一方あるいは両方の処分を行うべきである。

1．妥当でない。懲戒事由は29条1項。

2．妥当でない。懲戒処分は、免職、停職、減給、戒告である。後半は正しい。

3．妥当でない。29条4項。懲戒処分に執行猶予を定めることは想定されていない。

4．妥当でない。1つの義務違反に対して複数の懲戒処分を行うことはできない。

5．妥当である。

正解は5

問題　地方公務員法に定める「定年前再任用短時間勤務職員」制度に関する記述として、妥当なものはどれか。

1. 定年前再任用短時間勤務職員の任期は、原則として1年を超えない範囲内で定めなければならず、これは、暫定的な再任用制度と同じである。

2. 常勤の職員のほか、非常勤の職員についても、60歳以後に退職した場合には、定年前再任用短時間勤務職員として任用することができる。

3. 定年前再任用短時間勤務職員の採用は、人事委員会が設けられている地方公共団体においては、人事委員会が行う。

4. 定年前再任用短時間勤務職員は、非常勤であり、特別職の職員に当たる。

5. 定年前再任用短時間勤務職員の採用は、選考により行われるが、その選考では、従前の勤務実績等に基づく能力の実証が行われる。

解説

〔再任用制度の見直し〕

　　令和5年4月に、定年年齢の引上げに伴い、「定年前再任用短時間勤務職員」制度が導入された（従前の再任用制度は廃止となったが、しばらくは相当制度を存置）。

(1)「定年前再任用短時間勤務職員」の概要

・60歳を基準に条例で定める年齢に達した日以後に退職した者につき、同一自治体の短時間勤務の職に採用可能。

→任期は、定年退職日相当日（採用される短時間勤務の職と同種の常勤の職にあるとした場合の定年退職日）まで。

→従前の勤務実績等に基づく選考により、任命権者が採用。

※臨時的任用、任期付、非常勤の退職の場合には適用なし。

・注意点＝①条例制定が必要、②条件付採用の規定の適用なし、③採用後、常勤の職への昇任・降任・転任は不可、④非常勤職員であり、条例で定める定数に含まれない。

・退職・再任用の範囲を同一の自治体内だけでなく、その自治体が構成団体となっている組合に広げる規定あり。

(2) 旧制度に相当する暫定的な再任用制度

・旧制度は廃止としつつ、定年の段階的な引上げがされている間は、定年で退職した職員が従前同様に再任用されるよう、相当制度を存置。

・対象＝定年退職者だけではなく、特例的な定年延長による勤務後退職した者等も対象。

・注意点＝①常勤で採用される場合もある、②任期は、1年を超えない範囲内（条例で定める年齢（65歳を基準）に達する日の年度末までは、1年を超えないで更新可）。

1．妥当でない。新制度は、定年退職日相当日までが任期。

2．妥当でない。非常勤職員には、制度の適用はない。

3．妥当でない。選択肢の場合でも、任命権者が採用する。

4．妥当でない。一般職の非常勤職員である。

5．妥当である。選考は「能力の実証に基づく試験」である。

正解は5

問題 地方公務員法に定める離職に関する記述として、妥当なものはどれか。

1. 失職とは、職員が一定の事由により当然に離職する場合であり、職員が退職届を出して行う辞職の場合もこれに当たる。

2. 定年制は、職員の職務遂行能力の基準を年齢に求め、一定の年齢に達した場合に当然に退職させる制度である。

3. 離職の1つである定年による退職に関しては、任命権者は、定年退職日の1年前に、該当者に同日以降の任用、給与等の情報を提供し、勤務の意思を確認するよう努めなければならないとされている。

4. 退職願の撤回は、信義則に反し、許されないとされている。

5. 欠格条項に違反することが判明した職員は、なんらの行政処分によることなく当然に失職し、欠格条項に該当してから失職するまでの間になした当該職員の行為は当然に無効となる。

(1) **離職**：職員がその身分を失うこと

(2) **離職の種類**：失職、分限免職、懲戒免職及び定年退職（以上は、地方公務員法に定めあり）並びに辞職（地方公務員法に特段の定めなし）

(3) 離職の分類

①失職　職員が一定事由に該当した場合に任命権者の何らの行政処分によることなく、当然に離職する場合

・欠格条項該当・任用期間満了・定年による退職

（注）定年による退職は、「退職」として規定されているが、法的性質は失職であるとされる。

②退職　行政処分により離職する場合。職員の意思に基づく退職が辞職であり、職員の意思に反する退職が免職である。

・辞職：職員が退職願を提出し、これに基づき、任命権者が同意（退職発令）して行われる。

・免職：職員の意に反して退職させること

(4) 定年年齢の引上げ等（令和5年4月1日施行）

国の定年年齢の引上げに伴い、自治体の定年も、原則、国の定年（65歳が基本）を基準に条例で定めることとなった。同時に「管理監督職勤務上限年齢」制も導入され、管理監督職（具体的には条例で定める）は、上限年齢に達した日の翌日から同日以後の最初の4月1日までの間に、降任するか、上限年齢が更に上の管理監督職に転任することとなった。

1．妥当でない。失職の定義は正しい。辞職は、任命権者の同意（退職命令）による退職である。

2．妥当である。定年退職の性質は失職（当然離職）。

3．妥当でない。情報提供と勤務の意思確認の努力義務が任命権者に生じるのは、60歳に達する前年度、60歳以降の任用等についてである（附則23項・25項）。

4．妥当でない。退職願の撤回の可否については、辞令交付前であれば、信義則に反しない限り自由とされている。

5．妥当でない。前半は正しい。欠格条項に該当する任用は当然無効だが、その間にその者が行った行為は有効とされる。

正解は2

> **問題** 地方公務員法が定める服務の根本基準に関する記述として、妥当なものはどれか。

1. 地方公務員法が定める服務の根本基準は、憲法15条2項（公務員の全体の奉仕者性）とはその趣旨を異にするものと理解されている。

2. 地方公務員法が定める職員の服務の根本基準は、唯一、常に全力を挙げて職務に専念することである。

3. 公務員が一部の者の利益を図ることがあれば、公共の利益の実現が達成されないばかりか、行政の公正が損なわれ、公務員の存立目的を失うことにもなりかねない。

4. 地方公務員には一定の義務が課されるが、その義務は全て身分上の義務であって、勤務時間外においても課されているものである。

5. 地方公務員に課される義務は、全て罰則によってその遵守を担保している。

解説

〔服務の根本基準のポイント〕

(1) 憲法15条 2 項を受け、地方公務員法30条は地方公務員の服務の根本基準として「すべて職員は、全体の奉仕者として公共の利益のために勤務し、かつ、職務の遂行に当たっては、全力を挙げてこれに専念しなければならない」と定めている。

(2) **根本基準の趣旨**

公務員が一部の者の利益を図るようなことがあれば、公共の利益の実現が達成されないばかりか、行政の公正が損なわれ、その存立目的を失うことにもなりかねない。

(3) **全体の奉仕者性と義務**

全体の奉仕者としての身分から、職員には一定の義務が課される。その義務は、職務上の義務と身分上の義務に分けられる。

1 ．妥当でない。服務の根本基準は、憲法15条 2 項を受けたものである。

2 ．妥当でない。全体の奉仕者として公共の利益のために勤務することも定めている。

3 ．妥当である。

4 ．妥当でない。全体の奉仕者としての身分から課される義務であるが、職務上の義務と身分上の義務とに分けられ、例えば職務専念義務のような職務上の義務は、もっぱら勤務時間中に限り適用される義務である。一方、信用失墜行為の禁止のような身分上の義務は、職務外の行為であっても対象となる。

5 ．妥当でない。守秘義務違反には罰則が科されるが、全ての義務が罰則によって担保されているわけではない。

正解は 3

123

地方公務員法に定める服務の宣誓に関する記述
として、妥当なものはどれか。

1．服務の宣誓は、職員が服務上の義務を負うことを確認し、
　宣言する行為であり、職員の倫理的自覚を促すものである。

2．職員は服務の宣誓を行うことにより条件付採用となること
　から、宣誓を行わない職員は全て臨時的任用にとどまる。

3．職員は服務の宣誓により服務上の義務を負うことを自ら宣
　言することで、職員としての服務上の義務が発生する。

4．服務の宣誓は法的効果を有するものではないことから、こ
　れを行うかどうかは職員の選択に委ねられており、宣誓を
　行わないことが服務義務違反になることはない。

5．服務の宣誓の内容及び方法は、職員の自主性を尊重するた
　め職員の自由に委ねられており、条例で定めることはでき
　ない。

解説 服務の宣誓は31条に「職員は、条例の定めるところにより、服務の宣誓をしなければならない」と規定されている。

　新たに職員として採用され、辞令を交付される際に行われるのが通例である。

　服務の宣誓は、これを行うことによって初めて服務に関する義務が発生するというものではなく、職員が全体の奉仕者であること等を自ら確認し、宣誓する行為である。

1．妥当である。

2．妥当でない。服務の宣誓の有無によって条件付採用となるか臨時的任用になるか決定されるわけではない。

3．妥当でない。宣誓により服務上の義務が発生するわけではない。

4．妥当でない。服務の宣誓も職員の義務であり、服務の宣誓を行わないことが服務義務違反となることもある。

5．妥当でない。服務の宣誓については、条例で定めることとされている。

正解は 1

問題　地方公務員法に定める職務命令に従う義務に関する記述として、妥当なものはどれか。

1．職員は、その職務を遂行するに当たって、上司の職務上の命令に忠実に従わなければならず、違反した場合には、刑罰が科される。

2．身分上の上司は、職員に対して職員の任免や懲戒等の命令を行うことはできず、必ず職務上の上司を通じて命令を発しなければならない。

3．地方公共団体においては、文書主義の下、職務が遂行されているため、職務命令は口頭ではなく、文書で行うことが必要である。

4．職員は、2以上の上司が階層的に上下の関係があり、それらの上司が発した職務命令に矛盾があるときは、直近の上司の命令に従わなければならない。

5．重大かつ明白な瑕疵のある職務命令は当然無効であり、部下は、これに従う義務はないが、当該命令に従った職員は、その行為及び結果について責任を負う。

解説

〔上司の職務命令に従う義務のポイント〕
(1) 上司の職務命令に従う義務

　　公務員が職務遂行に当たって法令、条例等に従うべきことは法治国家においては当然。上司の職務命令は法令を遂行するために発せられるものであり、上司の職務命令に従うことも当然。

(2) **有効な職務命令の要件**

　　①権限ある上司からの命令、②職員の職務に関する命令、③法律上又は事実上実行可能な命令

(3) **命令の類型**：職務上の命令と身分上の命令

(4) **身分上の命令の限界**：その目的に従い合理的な範囲で発することができ、逸脱した身分上の命令は無効。

(5) **部下の審査**

　①職務命令に重大かつ明白な瑕疵があり、上司の職務命令が当然無効であるとき：部下に従う義務はない。

　②職務命令に取消し得べき瑕疵があるとき又は有効な命令かどうか疑わしいとき：取消しが権限ある機関によってなされるまで従わなければならない。

1. 妥当でない。職務命令違反に罰則はない。懲戒処分の対象になる。

2. 妥当でない。職務命令を発することができる上司はその職員を指揮監督できる権限を有する者であり、基本的には、身分上の命令は身分上の上司が、職務上の命令は職務上の上司が発する。任免や懲戒等の身分上の命令は身分上の上司が行う。

3. 妥当でない。命令は口頭でも有効である。

4. 妥当でない。より上級の上司の命令が優先する。

5. 妥当である。

正解は 5

> 地方公務員法に定める信用失墜行為の禁止に関する記述として、妥当なものはどれか。

1. 信用失墜行為の禁止は、職員の職全体の不名誉となるような行為を禁止するもので、当該職員の職の信用を損なうだけの行為は対象ではない。

2. 信用失墜行為の禁止は、職員の倫理上の行為規範を法律上の規範としたもので、地方公務員法は、違反した者に対する罰則を定めている。

3. 信用失墜行為の禁止は、地方公務員法に具体的に列挙された行為を禁止するもので、個別の事例ごとに対象の行為かどうかを判断する余地はない。

4. 信用失墜行為は、職員が職務に関連して行った行為について問題となるのであって、職務に関係なく行った行為が信用失墜行為に該当することはない。

5. 信用失墜行為は、収賄や職権濫用など刑罰を科される行為が該当することはもちろんであるが、刑罰を科されない行為や服務義務違反のない行為であっても、状況に応じ、該当することがある。

〔信用失墜行為の禁止に関するポイント〕

(1) 内容

　　　職員は、その職の信用を傷つけ、又は職員の職全体の不名誉となるような行為をしてはならない（33条）。

(2) 身分上の義務

　職員が直接職務を遂行するに当たっての行為だけでなく、職務外の行為であっても、その結果として当該職員の職に対する住民の信頼が損なわれ、あるいは住民の公務全体に対する信用が失われる場合は、信用失墜行為に該当する。

（例）①道路交通法違反や暴行、傷害などの刑事犯罪

　　　②服務義務違反

　　　③服務義務違反はないが、来庁者に対し粗暴な態度を取るなどの行為も状況によっては信用失墜行為に該当する。

(3) 信用失墜行為の認定

　社会通念に基づき、個々のケースに応じて判断する。

1．妥当でない。当該職員の職の信用を損なう場合も信用失墜行為に該当する。

2．妥当でない。罰則の定めはない。

3．妥当でない。信用失墜行為の認定は、社会通念に基づき個々のケースに応じて判断する。

4．妥当でない。職務に関係のない行為も信用失墜行為に該当することがある。

5．妥当である。

正解は5

> 問題　地方公務員法に定める秘密を守る義務に関する記述として、妥当なものはどれか。

1．秘密とは、一般に了知されていない事実であって、これを一般に了知せしめることが当該地方公共団体の利益侵害になると客観的に考えられる公的な秘密であり、個人的秘密は地方公務員法上の秘密に該当しない。

2．職務上の秘密とは、職務の執行に関連して知り得た秘密であって、自ら担当する職務に関する秘密のほか、担当外の事項であっても職務に関連して知り得たものがこれに該当する。

3．秘密に属する文書を外部の者が読んでいるのを、その文書の管理責任者が故意に黙認することは、秘密を漏らすことに当たらないと解されている。

4．職務上の秘密に属しない職務上知り得た秘密について、法令による証人等となって発表する場合には、任命権者の許可を要しない。

5．職員は、退職後も秘密を守る義務があるが、退職後に違反しても、懲戒処分を受けることはないし、地方公務員法に定める罰則を科されることもない。

〔秘密を守る義務に関するポイント〕
(1) 意義：職員は地方公共団体の事務を遂行するに当たり、その性質上、外部に公にすることが好ましくない事実に関与する場合があり、これを公表することがかえって公益を害する結果を生ずることがある。そのため職員に守秘義務が課されている。
(2) 内容
　①職員は、職務上知り得た秘密を漏らしてはならない。その職を退いた後も、同様とする（34条1項）。
　②法令による証人、鑑定人等となり、職務上の秘密に属する事項を発表する場合においては、任命権者（退職者については、その退職した職又はこれに相当する職に係る任命権者）の許可を受けなければならない（34条2項）。
(3) 秘密・職務上知り得た秘密・職務上の秘密の概念
　秘密：一般に了知されていない事実であって、これを了知せしめることが一定の利益侵害になると客観的に考えられるもの
　職務上知り得た秘密：職務上の所管に属する秘密（職務上の秘密）のほか、職務執行上知り得た個人的秘密なども含まれる。
　職務上の秘密：職員の職務上の所管に属する秘密
(4) 守秘義務違反
　①懲戒処分、②罰則（60条2号）
1．妥当でない。個人的秘密も地方公務員法上の秘密に該当する。
2．妥当でない。肢は職務上知り得た秘密の説明である。
3．妥当でない。故意に黙認する行為は、不作為による秘密漏洩となる。
4．妥当である。許可を要するのは「職務上の秘密」についてである（34条2項）。
5．妥当でない。懲戒処分は受けないが、罰則は科される。

正解は4

131

> **問題** 地方公務員法に定める職務に専念する義務に関する記述として、妥当なものはどれか。

1. 職務専念義務が免除された職員に対し、その勤務をしなかった時間について給与を支給するか否かは、法律で定められた場合を除き、任命権者が決定する。

2. 勤務時間中に職務専念義務の免除を受け職員団体の活動に従事した職員は、条例で定める場合を除き給与の支給を受けることができないとされる。

3. 職務専念義務は、正規の勤務時間だけでなく、時間外又は休日勤務を命ぜられた時間も含まれ、また、休憩時間中も義務は免除されない。

4. 職員団体の在籍専従の許可を受けた職員は、その期間を、退職手当の算定の基礎となる勤続期間に算入することができる。

5. 職員団体の在籍専従の許可を受けた職員については、条例で特別の定めがあれば、給与を支給することができる。

〔職務専念義務に関するポイント〕

解説 (1) **意義**：地方公務員の職務専念義務は、住民全体の奉仕者としての地位に基づく公法上の一方的な責務

(2) 職務上の義務であり、もっぱら勤務時間中に限り適用される。勤務時間とは、条例で定められた正規の勤務時間だけでなく、時間外や休日勤務を命ぜられた時間も含まれる。休憩時間には職務専念義務は発生しない。

(3) **職務専念義務の免除の主な例**

①法律に定めのある場合

・分限処分による休職（28条2項）や懲戒処分による停職（29条1項）

・登録職員団体の役員としてもっぱらその事務に従事する許可を受けた場合（55条の2）

・職員の代表者として勤務時間中適法な交渉に参加する場合（55条8項）

②条例に基づく場合

24条5項又は35条に基づく条例

(4) **免除の場合の給与**

免除された勤務時間に対して給与を支給するか否かは、それぞれの給与条例によるが、在職専従職員は休職者とし、いかなる給与も支給できないし、勤務時間中に免除を受けて職員団体活動に従事した職員には条例で定める場合を除き給与は支給されない。

1．妥当でない。給与条例による。

2．妥当である。

3．妥当でない。休憩時間には職務専念義務は発生しない。

4．妥当でない。在職専従期間は退職手当の算定の基礎となる勤続時間に算入できない。

5．妥当でない。在職専従職員はいかなる給与も支給できない。

正解は2

問題 地方公務員法に定める政治的行為の制限に関する記述として、妥当なものはどれか。

1. 職員は、当該職員の属する地方公共団体の区域の内外を問わず、政党その他の政治的団体の役員になることはできず、違反した場合、地方公務員法上の罰則の適用もある。

2. 職員は、当該職員の属する地方公共団体の区域内において、公の選挙において地方公共団体の執行機関に反対する目的をもって、投票しないように勧誘運動をすることはできる。

3. 職員は、当該職員の属する地方公共団体の区域内において、公の選挙において特定の人を支持する目的をもって、署名することはできない。

4. 職員は、当該職員の属する地方公共団体の区域の内外を問わず、公の選挙において特定の人を支持する目的をもって、寄附金その他の金品の募集に関与することはできないが、違反しても地方公務員法上の罰則は適用されない。

5. 職員は、当該職員の属する地方公共団体の区域の内外を問わず、公の選挙において特定の人を支持する目的をもって、文書を地方公共団体の庁舎に掲示することはできない。

解説

〔政治的行為の制限に関するポイント〕

1　意義：公務員は、全体の奉仕者（憲法15条、地方公務員法30条）として、中立の立場で公正な行政を行わなければならない。このため、職員を政治的影響から保護し、身分を確実なものとすることが必要。

2　平等原則・表現の自由との関係：合理的で必要やむを得ない限度に止まるものである限り許容。

3　禁止行為の内容（36条）

(1) 政党その他の政治団体の結成に関与する等の行為

　　①政党等の結成に関与すること、②政党等の役員になること、③政党等の構成員となるよう又はならないように勧誘活動をすること

　　（注）区域を問わない。政治目的の有無を問わない。

(2) 特定の政治目的の下に行われる一定の政治的行為

〈特定の政治目的〉

　①特定の政党等又は内閣・地方公共団体の執行機関を支持し、又はこれに反対する目的

　②公の選挙又は投票において特定の人又は事件を支持し、又はこれに反対する目的

〈一定の政治的行為〉（④を除き、職員の属する地方公共団体の区域内に限って禁止）

　　①投票勧誘運動、②署名運動の企画や主宰等これに積極的に関与、③寄附金その他の金品の募集に関与、④庁舎等利用、⑤その他条例で定める政治的行為

1．妥当でない。罰則はない。

2．妥当でない。投票しないよう勧誘することも禁止。

3．妥当でない。署名することは禁止されていない。

4．妥当でない。区域内のみ禁止される。

5．妥当である。

正解は 5

問題 地方公務員法に定める争議行為等の禁止に関する記述として、妥当なものはどれか。

1. 職員は、全体の奉仕者として公共の福祉のために勤務するという特殊性に基づき、争議行為等を行うことが一部制限されている。

2. 職員でない者は、争議行為等違法な行為を企ててはならないが、争議行為等の遂行をそそのかしたり、あおったりすることは、禁じられていない。

3. 争議行為等を行った職員であっても、職員の地位を有する以上、地方公共団体に対し、法令等に基づいて保有する任命上又は雇用上の権利をもって対抗することができる。

4. 職員は、争議行為等の遂行をそそのかし、又はあおってはならないとされ、違反した場合、罰則の適用もある。

5. 職員は、争議行為等違法な行為を企ててはならず、違反した場合、懲戒処分の対象になるが、罰則の適用はない。

〔争議行為の禁止に関するポイント〕

解説　(1) **意義**：全体の奉仕者として公共のために勤務するという勤務の特殊性に基づき、争議権を全面一律に禁止（現業・非現業を問わない）。

(2) **禁止の内容**（37条1項）

①職員は、同盟罷業、怠業その他の争議行為をし、又は地方公共団体の機関の活動能率を低下させる怠業的行為をしてはならない。

②何人も、①の違法行為を企て、又はその遂行を共謀し、そそのかし、若しくはあおってはならない。

(3) **違反の効果**

①違反行為の開始とともに、地方公共団体に対し、法令等に基づいて保有する任命上又は雇用上の権利をもって対抗することができなくなる（37条2項）。

② (2) ①の違法行為を共謀し、そそのかし、若しくはあおり、又はこれらの行為を企てた者は、罰則が適用される（62条の2）。

1．妥当でない。一部制限ではなく、全面一律に禁止。

2．妥当でない。争議行為等の共謀、そそのかし、あおりは職員でない者にも禁止されている。

3．妥当でない。37条2項。

4．妥当である。62条の2。

5．妥当でない。罰則の適用がある。

正解は4

137

地方公務員法

問題 地方公務員法に定める営利企業への従事等の制限に関する記述として、妥当なものはどれか。

1. 農業協同組合及び消費生活協同組合は、営利企業には該当しないため、職員は、報酬を得ないでこれらの団体の役員を兼ねる場合、営利企業に従事することについての任命権者の許可を得る必要はない。

2. 職員は、実費弁償としての車代や謝金を得て講演や原稿作成を行う場合には、任命権者の許可を得なければならない。

3. 職員の家族が営利企業を営むことについては、当該営利企業への職員の関わり方・程度いかんにかかわらず、なんら営利企業従事制限の問題とはならない。

4. 地方公務員法は、任命権者が職員に与える営利企業に従事することの許可の基準が各任命権者間で不均衡とならないよう、地方公共団体の長が許可の一般的な基準を規則で定めなければならないとしている。

5. 職員は、任命権者の許可を得ないで自ら営利企業を営んだ場合、地方公務員法の定める罰則を科されることがある。

〔営利企業従事制限に関するポイント〕

1　意義：職務専念義務の及ばない勤務時間外の行為であっても、直接・間接に職務専念義務の遂行に支障をきたし、又は職務の公正な執行を妨げるおそれがある行為を制限する必要がある。

2　内容：営利企業（商業、工業又は金融業その他営利を目的とする私企業をいう）に従事するためには任命権者の許可を要する（38条）。

(1)　許可を要する行為（制限される行為）

①営利企業の役員等の地位を兼ねること

　（注）農業協同組合等法律上営利を目的としていると認められない団体は事実上営利目的の商行為を行っていても営利企業には該当しない。

②自ら営利企業を営むこと

③報酬を得て何らかの事業、事務に従事すること

(2)　従事の許可

　人事委員会を置く地方公共団体では、人事委員会は、規則で、任命権者が許可を与える基準を定めることができる（38条2項）。

　（注）職員が勤務時間を割いて営利企業に従事する場合には、職員は別途年次休暇の取得や職務専念義務免除の許可を要することに注意する必要がある。

(3)　適用除外

　非常勤職員（短時間勤務の職を占める職員及び常勤的な会計年度任用職員を除く）には、適用されない。

1．妥当である。

2．妥当でない。報酬とは労働の対価として支払われる一切の給料をいうと解されており、実費弁償としての車代や原稿料等の謝金は報酬に該当しないとされている。

3．妥当でない。家族の名義を利用して実質的に職員が営利企業を営むことは、脱法行為として服務規律に反する。

4．妥当でない。許可の基準は人事委員会規則で定めることができる。

5．妥当でない。営利企業従事制限に罰則はない。　　正解は 1

139

問題 地方公務員法に定める退職管理に関する記述として、妥当なものはどれか。

1. 退職管理の適正の確保を図るため、公務員を退職後に営利企業等に再就職した者は、現職職員への働き掛け全般が禁止されている。

2. 退職管理の規定における再就職者には、臨時的任用職員、条件付採用期間中の職員、非常勤職員全般も含まれる。

3. 退職管理の規定における営利企業等には、国、国際機関、地方公共団体、独立行政法人通則法に規定する行政執行法人及び特定地方独立行政法人を含まない。

4. 再就職者が規制違反行為を行った疑いがあるときは、任命権者は人事委員会又は公平委員会に、調査を実施させることができる。

5. 地方公共団体が退職管理の適正を確保するために必要と認められる措置を講ずる場合、国家公務員の退職管理に関する規定の趣旨を勘案する必要はない。

〔元職員による働き掛け規制〕（38条の２）

　　離職後に営利企業等に再就職した元職員は、離職前５年間に在職していた地方公共団体の現職職員に対し、当該営利企業等又はその子会社法人との契約事務・処分事務であって離職前５年間の職務に属するものに関し、離職後２年間、働き掛けが禁止される。規制に違反した元職員は過料又は刑罰が科せられる。

〔働き掛け規制違反に対する監視〕（38条の３〜38条の５）

・任命権者は違反行為の疑いを把握したとき、調査開始時及び調査終了時に人事委員会（公平委員会）に報告。

・人事委員会（公平委員会）は、違反行為があると思料するときは、任命権者に調査を要請できる。

・人事委員会（公平委員会）は、任命権者の調査の経過について、報告を求め意見を述べることができる。

〔地方公共団体の講ずる措置〕（38条の６第１項）

　　地方公共団体が講ずべき「退職管理の適正確保に必要な措置」（国家公務員法の退職管理規定の趣旨及び当該地方公共団体の職員の離職後の就職状況を勘案して講ずる）の例

→再就職状況の公表、職員が他の職員又は元職員の再就職をあっせんすることの制限、職員が在職中に自らの職務と利害関係のある企業等に求職活動することの制限

〔再就職情報の届出〕（38条の６第２項）

　　地方公共団体は、条例で元職員に対し、再就職情報の届出を義務付けることができる。

１．妥当でない。

２．妥当でない。38条の２第１項。

３．妥当である。38条の２第１項。

４．妥当でない。

５．妥当でない。

正解は 3

問題 地方公務員法が定める勤務条件に関する措置の要求についての記述として、妥当なものはどれか。

1. 職員は、給与や勤務時間その他の勤務条件に関し、任命権者に対して、適当な措置が執られるべきことを要求することができる。

2. 勤務条件に関する措置の要求（以下「措置要求」という）は、条件付任用期間中の職員や臨時的任用職員には適用されない。

3. 措置要求は、職員がそれぞれ自己の勤務条件についての措置を要求するものであるから、職員個々が共同して措置要求をすることはできない。

4. 企業職員、特定地方独立行政法人の職員及び単純労務職員は、措置要求をすることはできない。

5. 措置要求を受けた事案の判定の結果、当該事項に関し権限を有する機関に対してなされる勧告は、法的拘束力を有し、これに従わなければならない。

解説

〔勤務条件措置要求に関するポイント〕

(1) **意義**：労働基本権が制限されているための代償措置

(2) **措置要求ができる者**

職員（一般職、条件付採用期間中の職員、臨時的任用職員）

（注）すでに退職した者はできない。

※職員個々が共同で要求すること（共同措置要求）は可能。
だが、他の職員の固有の勤務条件について措置要求する
ことはできない。

※職員団体はできない。

※団体協約締結権を有する企業職員、特定地方独立行政法
人の職員及び単純労務職員はできない。

(3) **措置要求の内容**：勤務条件に関するもの

（注）予算額の増額はそれ自体勤務条件とはいえないので
対象にならないが、同時に給与、勤務時間その他の
勤務条件に関するものであれば、対象となりうる。

(4) **審査機関**：人事委員会又は公平委員会

(5) **手続**（人事委員会規則又は公平委員会規則で定める）

事案について口頭審理その他の方法による審査を行い、事
案を判定。

(6) **措置**：人事委員会又は公平委員会は、事案判定の結果に基
づいて、その権限に属する事項については自ら実行し、その
他の事項については当該事項に関し権限を有する機関に対し
勧告。勧告に法的拘束力はない。

1．妥当でない。人事委員会又は公平委員会に対して要求する。

2．妥当でない。肢の職員にも適用される。

3．妥当でない。職員個々が共同して措置要求できる。

4．妥当である。団体協約締結権が保障されているからである。

5．妥当でない。勧告には法的拘束力はない。 正解は4

問題　地方公務員法に定める不利益処分に関する審査請求についての記述として、妥当なものはどれか。

1．職員の意に反しない処分であっても、任命権者が不利益処分であると認めるものは審査請求の対象となるが、昇給延伸、賃金カットなど処分性のないものは、不利益処分に関する審査請求の対象にはならないとされている。

2．職員は、その意に反して不利益処分を受けたと思うときは、審査請求を行う前に、任命権者に対し処分の事由を記載した説明書の交付を請求しなければならない。

3．人事委員会又は公平委員会は、審査請求の審査の結果により、当該処分を承認するか、承認できないものとして当該処分を自ら修正しなければならないとされ、任命権者に是正を指示することは認められていない。

4．職員は、審査請求をすることができる不利益処分について、審査請求を行うと同時に、裁判所に当該不利益処分の取消の訴えを提起することができる。

5．人事委員会又は公平委員会が、審査請求の審査の結果、処分の修正の裁決又は処分の取消の裁決を行ったとき、任命権者その他地方公共団体の機関側からは、これを不服として出訴することはできない。

〔不利益処分に関する審査請求のポイント〕

解説

(1) **意義**：任命権者が誤って行った職員の意に反する不利益な処分を簡易迅速な審査手続により救済→職員の身分保障を実質的に担保、人事行政の適正な運営を確保。

(2) **審査請求権者**：その意に反し不利益処分を受けた職員

（注）条件付採用期間中の職員、臨時的任用職員、企業職員、特定地方独立行政法人の職員及び単純労務職員は除外。

(3) **対象**：懲戒その他その意に反すると認める不利益処分

(4) **手続**

①審査請求期間あり（49条の3）。

②書面によらなければならない。

③人事委員会又は公平委員会の規則で定める（51条）。

(5) **審査及びその結果による措置**（50条）

書面審理（処分を受けた職員の請求があった場合は口頭審理）し、審査の結果、当該不利益処分を承認し、修正し又は取り消し、及び必要があるときは、任命権者に不当な取扱いを是正するための指示をしなければならない。

(6) **訴訟との関係**：審査請求前置主義（51条の2）

1．妥当でない。本人の意に反しないもの（例：職員の同意の下に行われた降任）も、処分性に欠けるもの（例：昇給延伸、勤勉手当の減額、給与条例の規定に基づく賃金カットなど）もいずれも対象とならない。

2．妥当でない。不利益処分を行う任命権者は職員に説明書を交付する義務がある。49条1項。

3．妥当でない。必要があるときは、任命権者に不当な取扱いを是正するための指示をしなければならない。

4．妥当でない。審査請求前置主義がとられている。

5．妥当である。

正解は5

問題　地方公務員法に定める職員団体に関する記述として、妥当なものはどれか。

1．職員団体は、職員が勤務条件の維持改善を図ることを目的として組織する団体又はその連合体であり、警察職員及び消防職員も職員団体を結成することができる。

2．管理職員等は、それ以外の一般職員と一体となって、同一の職員団体を組織することはできない。

3．職員団体は、その構成員が同一の地方公共団体の職員のみでなくとも、職員団体の重要事項が民主的、自主的手続によって決定されるのであれば、登録を受ける要件を満たす。

4．職員団体は、法令、条例、規則及び規程等に抵触しない限り、当該地方公共団体の当局と書面による団体協約を締結することができるとされている。

5．職員は、人事委員会又は公平委員会の許可を受けて、登録を受けた職員団体の役員としてもっぱら職員団体の業務に従事する場合以外は、職員団体の業務にもっぱら従事することはできないとされている。

〔職員団体に関するポイント〕

解説

(1) **団結権**：職員には団結権が認められ、一般職員は「職員組合」の結成、加入ができる。

（注）公営企業職員及び特定地方独立行政法人の職員は「労働組合」、単純労務職員は「職員組合」及び「労働組合」。

(2) **職員団体の組織**（52条）

勤務条件の維持改善を図ることを目的として組職。

（注）社会的、文化的目的などを副次的に持つことはできる。

（注）管理監督の地位にある職員又は機密の事務を取り扱う職員とそれら以外の一般職員が一体となって同一の職員団体を組織することはできない（52条3項）。

(3) **職員団体の結成、加入等を理由とする職員の不利益取扱いの禁止**（56条）

(4) **職員団体の登録**（53条〜55条の2）

人事委員会又は公平委員会に申請し、登録を受けた職員団体には次の付加的利便が与えられる（注：登録を受けなくとも当局交渉を行うことはできる）。

①当局が適法な交渉申入れに応ずべき地位に立つ。

②法人格を取得することができるようになる。

③任命権者の許可により在籍専従職員が認められる。

(5) **職員団体の交渉権**（55条）

職員団体には交渉権があるが、「団体協約」を締結する権利はなく、法令に抵触しない限りにおいて「書面協定」（法的拘束力なし）を結ぶことが認められている。

1．妥当でない。前半は正しい。警察職員・消防職員の団結権は制限されている（52条2項・5項）。

2．妥当である。52条3項ただし書。

3．妥当でない。原則として同一の地方公共団体の職員のみによって組織されていることが必要（53条4項）。

4．妥当でない。団体協約締結権はない（55条2項）。

5．妥当でない。任命権者の許可である（55条の2）。

正解は2

> **問題** 地方公務員の労働基本権に関する記述として、妥当なものはどれか。

1. 地方公務員の労働基本権の制限については、学説上議論があるが、判例では、憲法に違反するとされている。

2. ILO第87号条約（結社の自由及び団結権の保護に関する条約）は、労働者一般の結社の自由及び団結権の保護に関する基本原則を定めたもので、日本も批准しているが、地方公務員には一切適用されない。

3. ILO第98号条約（団結権及び団体交渉権についての原則の適用に関する条約）は、労働者一般の団結権及び団体交渉権に関する原則の適用を定めたものであり、日本も批准しており、全ての地方公務員に適用される。

4. 地方公営企業の職員及び単純労務職員に対しては、その職務の性質に鑑み、一般の民間企業の労働者と同様の争議権が認められている。

5. 団結権、団体交渉権、争議権のいわゆる労働三権の全てが認められていないのは、警察職員及び消防職員だけである。

1．妥当でない。昭和48年4月25日の全農林警職法事件における最高裁判決は、「労働基本権は、勤労者の経済的地位の向上の手段として認められたものであって、それ自体が目的とされる絶対的なものではないから、おのずから勤労者を含めた国民共同の利益からする制約を免れない」ところであり、「公務員の地位の特殊性と職務の公共性にかんがみるときは、これを根拠として公務員の労働基本権に対し必要やむを得ない限度の制限を加えることは、十分合理的な理由がある」としている。

2．妥当でない。同条約は地方公務員にも適用され、団結権が認められている（52条）。

3．妥当でない。地方公営企業職員及び単純労務職員には適用されるが、一般職員や教育職員には団体協約締結権は認められていない。また、警察職員・消防職員には団結権も団体交渉権（も争議権）も認められない（37条1項、52条5項）。

4．妥当でない。争議権は認められていない（地方公営企業労働関係法11条、附則5項）。

5．妥当である。肢3の解説参照。

第1　天皇

問題　憲法に定める天皇又は皇室経済に関する記述として、妥当なものはどれか。

1. 天皇は、日本国の象徴であり、かつ、日本国民統合の象徴であるため、自らの意思に基づく私的な行為として国会開会式に参列し「おことば」を述べることができる。

2. 天皇の国事に関する行為には、国会の承認を必要とし、国会がその責任を負う。

3. 天皇の国事に関する行為は、憲法に列挙されているもののほか、法律で別途定めることができる。

4. 天皇は、国事に関する行為を他の者に代行させることはできない。

5. 皇室に財産を譲り渡し、又は皇室が、財産を譲り受け、若しくは賜与することは、国会の議決に基づかなければならない。

解説　憲法の定める天皇制のポイントを整理しておく。

〔象徴天皇制〕

・日本国の象徴であり日本国民統合の象徴（1条）。

・天皇の地位は主権の存する国民の総意に基づく（1条）ものであり、天皇制は不可変更的なものではなく、国民の総意により可変的なもの。

・天皇の神格性は否定（天皇の人間宣言）。

・天皇は国政に関する権能を有しない（4条1項）。

〔天皇の権能〕

　憲法に定める国事行為のみを行う（4条1項）。具体的には6条、7条に列挙。国事行為とは政治（統治）に関係のない形式的・儀礼的行為とされ、その行使には内閣の助言と承認が必要（3条）。

〔天皇の公的行為〕

　国事行為でも私人としての私的行為でもなく、象徴としての地位に基づく公的行為を行うことが認められる。これには内閣のコントロールが必要と解されている。例：国会開会式に参列し「おことば」を朗読。

〔皇室経済〕

　皇室財産は国に属し、天皇及び皇族の活動費用は、全て予算に計上して国会の議決を経る（88条）。

1．妥当でない。国会開会式の参列・おことばは公的行為と解され、内閣のコントロールを要すると解される。

2．妥当でない。内閣の助言と承認である。

3．妥当でない。国事行為は憲法に列挙されている。

4．妥当でない。臨時代行又は摂政による代行が認められる（4条2項、5条）。

5．妥当である。8条。

正解は5

問題　憲法に定める法の下の平等に関する次の文章の空欄A〜Fに当てはまる語句の組合せとして、妥当なものはどれか。

　憲法14条1項にいう「法の下に」平等とは、法文を形式的・機械的に解釈すれば、法を執行し適用する行政権・司法権に対し、　A　の平等のみを求めているようにもとれるが、それだけではなく、　B　の平等をも意味すると解されている。すなわち、平等原則は、　C　をも拘束するのである。そして、同条同項に規定する「人種、信条、性別、社会的身分、門地」は、差別が禁止される事由について、　D　したものであると解されている。

　また、「法の下」の平等とは、各人の性別などの事実的・実質的な差異を前提として、同一の事情と条件の下では均衡に取り扱うことを意味する。　E　平等ではなく、　F　平等だと言われるのは、その趣旨である。

	A	B	C	D	E	F
1.	法適用	法内容	国民	限定	絶対的	相対的
2.	法適用	法内容	立法府	例示	絶対的	相対的
3.	法内容	法適用	立法府	限定	絶対的	相対的
4.	法内容	法適用	国民	例示	相対的	絶対的
5.	法内容	法適用	国民	限定	相対的	絶対的

解説

法の下の平等（平等原則）の出題頻度は高い。その意味と内容についてポイントを示しておく。

(1) 「法の下の平等」の意味

①法内容の平等

法の適用の平等（立法者非拘束）のみを意味するのではなく、法そのものの内容も平等原則にしたがって定立されるべき（立法者拘束）。

②相対的平等

「平等」とは、各人の性別、能力等又は人と人との特別な関係などの種々の事実的実質的差異を前提として、同一の事情と条件の下では均等に扱うことを意味し、その意味で、絶対的・機械的な平等ではなく、相対的平等である。したがって、合理的な取扱い上の違いは平等原則違反ではないとされる。

(2) 「法の下の平等」の内容

人種、信条、性別、社会的身分又は門地により、政治的、経済的又は社会的関係において、差別されない（14条1項後段）。これは平等原則を例示的に説明したもの。列挙されていない事由による不合理な差別的取扱いも禁止される。

以上から、

Aには「法適用」が、Bには「法内容」が、Cには[立法府]が、Dには「例示」が、Eには「絶対的」が、Fには「相対的」が当てはまる。

正解は 2

> 問題　憲法に定める表現の自由に関する記述として、妥当なものはどれか。

1. アクセス権とは、市民がマス・メディアに対し自己の意見を発表する場の提供を求める権利をいい、表現の自由に含まれる具体的権利として認められている。

2. 報道とは、事実を知らせるもので、思想を表明するものではないことから、報道の自由は、憲法が保障する表現の自由には含まれないものとされている。

3. 表現の自由を中心とする精神的自由権を規制する立法の合憲性も、経済的自由を規制する立法の合憲性も、同じ自由権を制限するものであって、その審査基準に違いはないとされている。

4. 最高裁判所は、新潟県公安条例事件において、条例により一般的な許可制を定めて集団示威運動を事前に抑制することは、憲法の趣旨に反しないと判示した。

5. 最高裁判所は、徳島市公安条例事件において、道路における集団行進等を規制する当該条例の規定の文言について、通常の判断能力を有する一般人であれば容易に想到することができる、として合憲とした。

精神的自由権からの出題は多いが、特に、表現の自由は重要。他には、信教の自由が要注意である。

　1．妥当でない。アクセス権とは、一般に、マス・メディアに対する知る権利（情報の受け手である一般国民が、情報の送り手であるマス・メディアに対して、自己の意見の発表の場を提供することを要求する権利）の意味に用いられることが多い。しかし、私企業であるマス・メディアに対する具体的なアクセス権を21条から直接導き出すことは不可能である。判例（サンケイ新聞事件。最高裁昭62.4.24）も具体的な成文法の根拠がない限り、認めることはできないとしている。

2．妥当でない。報道の自由も表現の自由の保障に含まれる。報道のための報道内容の編集という知的な作業が行われ送り手の意見が表明されること及び報道機関の報道が国民の知る権利に奉仕する重要な意義をもつことを理由とする。

3．妥当でない。表現の自由を中心とする精神的自由を規制する立法の合憲性は、経済的自由を規制する立法よりも、特に厳しい基準によって審査されなければならない（二重の基準論）。これは、①経済的自由も重要な人権であるが、これに関する不当な立法は、民主政の過程が正常に機能している限り議会でこれを是正できるが、民主政の過程を支える精神的自由が不当に制限される場合は民主政の過程そのものが傷つけられるからである。

4．妥当でない。最高裁昭29.11.24は、一般的な許可制を定めて、集団的行動を事前に抑制することは、憲法の趣旨に反し許されないとしている。

5．妥当である。最高裁昭50.9.10参照。

正解は5

問題 憲法に定める人身の自由に関する記述として、妥当なものはどれか。

1. 法律で定められた手続によらなければ、生命又は自由を奪われることはないという規定は、フランス人権宣言における法の適正な手続を定める条項に由来するものである。

2. 身体の拘束のうち一時的なものを拘禁、継続的なものを抑留といい、拘禁又は抑留されている者は、刑事被告人となるまで、弁護人を依頼することができない。

3. 刑事被告人は、公費で自己のために強制的手続により証人を求める権利を有しており、裁判所は、刑事被告人申請の証人を全て喚問する必要があると解されている。

4. 憲法は、刑事被告人に迅速な公開裁判を受ける権利を保障しており、審理の著しい遅延の結果、被告人の権利が害されたと認められる異常な事態が生じた場合には、直接憲法の規定に基づいて審理を打ち切ることが許されると解されている。

5. 自己に不利益な唯一の証拠が本人の自白である場合には、当該自白に任意性があれば、他にこれを補強する証拠は必要なく、自白のみを有罪の証拠とすることできる。

憲法は、人身の自由について、①人権保障の基本ともいうべき奴隷的拘束・意に反する苦役からの自由を定めるとともに（18条）、31条以下において刑罰権の適正な行使のために詳細な規定を設けている。

1．妥当でない。31条は、いわゆる法の適正な手続（デュー・プロセス・オブ・ロー）を定める条項（適正手続条項）に由来する規定であるが、これはアメリカ合衆国憲法の人権宣言の1つの柱といわれている。公権力を手続的に拘束し、人権を手続的に保障していこうという思想は英米法に顕著な特徴である。

2．妥当でない。一時的な身体拘束を抑留といい（例：逮捕・勾引による留置）、より継続的なものが拘禁である（例：勾留・鑑定留置）。また、34条は、直ちに弁護人に依頼する権利を与えられなければ、抑留又は拘禁されないと定めている。

3．妥当でない。判例は、裁判所は被告人申請の証人全てを喚問する必要はなく、その裁判をするのに必要適切な証人を喚問すればよいとしている（最高裁大法廷判決昭23.7.29）。

4．妥当である。最高裁はいわゆる高田事件判決（昭47.12.20）において、肢のような場合には、これに対処すべき具体的規定がなくとも、37条によって審理を打ち切るという非常救済手段が許されると解し、免訴を言い渡した。

5．妥当でない。38条3項は、「何人も、自己に不利益な唯一の証拠が本人の自白である場合には、有罪とされ、又は刑罰を科せられない」と規定し、補強証拠の法則をうたっている。

正解は4

憲法に定める経済的自由権に関する記述として、妥当なものはどれか。

1．職業選択の自由には、自己の選択した職業を遂行する自由である営業の自由は含まれていない。

2．日本国憲法は、明文をもって国籍離脱の自由を認めているが、海外渡航の自由を保障する明文の規定はない。

3．財産権の保障は、個人が現に有する具体的な財産上の権利の保障を意味し、私有財産制まで保障するものではない。

4．日本国憲法は、財産権の内容を公共の福祉に適合するように法律で定めることとしており、条例による財産権の制限を一切認めていない。

5．財産権の補償請求は、財産権を制約する法律の規定に基づき行われ、当該法律が補償規定を欠く場合、憲法の規定を直接の根拠として行うことはできない。

解説

経済的自由権とは、職業選択の自由、居住・移転の自由、財産権の総称である。

〔職業選択の自由に関するポイント〕
・自己の従事する職業を決定する自由を意味し、営業の自由を含む。
・精神的自由と比較して、強度の規制を受ける。
・消極的（警察的）規制と積極的（政策的）規制に区分。

〔居住・移転の自由・国籍離脱の自由に関するポイント〕
・自己の住所又は居所を自由に決定し、移動する自由を意味し、旅行の自由を含む。
・国籍離脱の自由が認められる。これは、無国籍になる自由を含むものではない。

〔財産権に関するポイント〕
・個人の現に有する具体的な財産上の権利の保障と私有財産制の保障の2つの側面を有する。
・私有財産制の核心は、人間が人間たるに値する生活を営む上で必要な物的手段の享有であるとされる。
・財産権の内容は公共の福祉に適合するように法律で定める。法律によって一般的に制約されるものであるという趣旨。条例による財産権の制限も許される。
・私有財産は、正当な補償の下に、公共のために用いることができる。

1．妥当でない。営業の自由を含む。
2．妥当である。海外渡航の自由は22条2項の居住・移転の自由に含まれるとするのが多数説・判例。
3．妥当でない。私有財産制の保障という面もある。
4．妥当でない。条例による制限も認められる。
5．妥当でない。29条3項を直接の根拠として補償請求できる。

正解は2

憲法による社会権の保障に関する記述として、妥当なものはどれか。

1．社会権は、国家が国民生活に積極的に関与することなく国民が人間に値する生活を営むことを保障するものであり、自由権よりも古くから唱えられた基本的人権であるとされる。

2．日本国憲法は、勤労について、社会権（勤労の権利）として位置づけることはせず、国民の義務として規定している。

3．憲法25条の生存権の規定について、プログラム規定説では、「国民に法的権利を保障したものであるが、それを具体化する法律によって初めて具体的な権利となるものである」としている。

4．教育を受ける権利は、国の介入、規制を加えられることなく教育を受けることができるという自由権としての側面と、国に対して教育制度の整備とそこでの適切な教育を要求するという社会権としての側面を持つとされる。

5．勤労者は、団結権及び団体交渉権が保障されているが、争議権は保障されていないため、争議行為に伴い生じた民事上の債務不履行による損害賠償又は不法行為責任が免除されることはない。

解説 〔社会権に関するポイント〕

(1) **意義**

社会権は、20世紀になって、社会国家（福祉国家）の思想に基づき、特に社会的・経済的弱者を保護し実質的平等を実現するために保障されるに至った人権。

(2) **権利の内容**

国に対して一定の行為を要求する権利（作為請求権）。もっとも、社会権にも自由権的側面があることに留意が必要である。

(3) **日本国憲法が保障する社会権**：生存権、教育を受ける権利、勤労の権利、労働基本権（25条〜28条）

(4) **生存権**：社会権の中で原則的な規定。国民が誰でも人間的な生活を送ることができることを権利として宣言したもの。その法的性格については、①プログラム規定説、②抽象的権利説、③具体的権利説の争いがある。

(5) **教育を受ける権利**：この権利の内容に「子どもの学習権」が含まれる。社会権的側面として、国は、教育制度を維持し、教育条件を整備すべき義務を負う。なお、教育内容を決める権利（教育権）の所在をめぐっては、国家教育権説と国民教育権説の争いがある。

(6) **労働基本権**：劣位にある労働者を使用者と対等の立場に立たせることを目的とする。団結権・団体交渉権・団体行動権（争議権）の労働三権からなる。

1．妥当でない。社会権は、福祉国家の思想に基づき、20世紀になって保障されるに至った基本的人権である。

2．妥当でない。憲法27条は、勤労の権利も定めている。

3．妥当でない。肢は抽象的権利説である。

4．妥当である。

5．妥当でない。争議権（団体行動権）も保障されている。

正解は4

憲法に定める請願権に関する記述として、妥当なものはどれか。

1. 請願権は、明治憲法においては臣民の権利として認められていなかったが、日本国憲法によって国民の権利として認められた。

2. 請願を受けた機関は、請願の内容を審理し、判定する義務を負う。

3. 請願は、選挙権を有する者のみが行うことができ、選挙権を有しない法人及び外国人は行うことができない。

4. 請願は、国会及び地方公共団体の議会に対して行うことができるが、国及び地方公共団体の行政機関に対しては行うことができない。

5. 請願者は、平穏に請願する権利を有し、請願をしたためにいかなる差別待遇も受けない。

解説　国務請求権は人権を確保するための基本権と呼ばれ、人権保障をより確実なものとするために認められる。請願権、裁判を受ける権利、国家賠償請求権、補償請求権がある。

　参政権は、国民が主権者として、国の政治に参加する権利であり、主として選挙権・被選挙権を通じて達成されるが、広義には、国民投票及び公務員就任権も参政権に含めて考えることができる。

　本問は、請願権（16条）に関するものである。

1．妥当でない。請願権は明治憲法においても認められていた（旧憲法30条）。

2．妥当でない。請願権の保障は、請願を受けた機関にそれを誠実に処理する義務を課するにとどまり、請願の内容を審理・判定する法的拘束力を生ぜしめるものではないと解されている。

3．妥当でない。何人も請願の権利を有する旨定めている。

4．妥当でない。請願は、国又は地方公共団体の機関に対して行うことができる。

5．妥当である。16条後段。

正解は5

問題 日本国憲法における国民の義務に関する記述として、妥当なものはどれか。

1. 明治憲法では、兵役の義務及び教育を受けさせる義務を国民の二大義務と定めていたが、日本国憲法では国民の基本義務として3つの義務を定めている。

2. 教育を受けさせる義務とは、国民がその保護する子女に普通教育を受けさせる義務である。

3. 勤労の義務は、国家が強制的に国民を勤労に従事させることができるということを定めたものである。

4. 憲法を尊重し、擁護する義務は、国民が憲法及びその精神を忠実に守る義務であり、国民の3つの基本義務の1つである。

5. 憲法は兵役の義務を定めていないが、法律で徴兵制を定めることは可能であると解されている。

解説　国民の義務は、①納税の義務（30条）、②教育を受けさせる義務（26条2項前段）及び③勤労の義務（27条1項）である。

　なお、明治憲法は、臣民の義務として、兵役の義務（旧憲法20条）と納税の義務（旧憲法21条）を定め、教育勅語をもって教育の義務を定めていた。この3つが臣民の三大義務と呼ばれた。

1．妥当でない。明治憲法は兵役の義務と納税の義務を定めていた。

2．妥当である。国民は、その保護する子に、普通教育を受けさせる義務を負う。26条2項前段。

3．妥当でない。勤労の義務とは、労働能力のある者は自己の勤労によって生活を維持すべきであるということを意味しており、国家が国民を強制的に勤労に従事させることを認めるものではない。

4．妥当でない。憲法尊重擁護義務を負うのは、「天皇又は摂政及び国務大臣、国会議員、裁判官その他の公務員」である。国民の義務ではない。

5．妥当でない。徴兵制は18条の苦役に当たり、認められないと解されている。

正解は2

問題 憲法に定める衆議院の優越に関する記述として、妥当なものはどれか。

1．衆議院の優越は、衆議院と参議院とが対等であることの例外の規定であり、憲法で規定していない事項については、法律で衆議院の優越を定めることはできないとされる。

2．法律案について、衆議院で可決し参議院で衆議院の議決と異なる議決をした場合、必ず両院協議会を開かなくてはならず、両院協議会で意見が一致しないときには、衆議院で出席議員の過半数で再び可決すれば法律となる。

3．予算について、参議院が衆議院の送付案を否決した場合、必ず両院協議会を開かなくてはならず、両院協議会で意見が一致しないときには、衆議院の議決が国会の議決となる。

4．条約の承認について、先に衆議院に提出しなければならず、衆議院で承認した案を参議院で承認しなかった場合には、必ず両院協議会を開かなくてはならず、両院協議会で意見が一致しないときには、衆議院の議決が国会の議決となる。

5．内閣総理大臣の指名について、衆議院が議決をした後、国会休会中を除いて10日以内に参議院が議決をしない場合において、両院協議会を開いて意見が一致しないときは、衆議院の議決が国会の議決となる。

解説　国会については、国民代表性・唯一の立法機関性・国権の最高機関性の３つの属性を踏まえ、選挙制度・議員の地位・二院制・国会と議院の権能といった事項を理解することが重要である。本問は、二院制や議院の権能として出題頻度の高い衆議院の優越を取り上げた。

1. 妥当でない。法律上の優越性が認められる。国会の臨時会・特別会の会期の決定、国会の会期の延長がその例である。

2. 妥当でない。まず、法律案については、①衆議院が参議院の回付案に同意しなかったとき、②参議院が衆議院の送付案を否決したとき、③参議院が衆議院の回付案に同意しなかったときに、衆議院は両院協議会を求めることができる。また、③の場合に限り参議院から両院協議会を求めることができる（国会法84条）。

　　衆議院が可決し、参議院でこれと異なる議決をした法律案は、衆議院で出席議員の３分の２以上の多数で可決した場合に法律となる（59条２項）。

3. 妥当である。予算については衆議院先議が定められている。60条１項。これを前提に、衆議院が可決した予算を参議院が否決した場合及び参議院が修正した案（回付案）に衆議院が同意しなかった場合に、衆議院は両院協議会の開催を求めなければならないこととされ（国会法85条１項）、意見が一致しないときは衆議院の議決が国会の議決となる。60条２項。

4. 妥当でない。条約に衆議院先議は定められていない（憲法61条）。

5. 妥当でない。参議院が議決しない場合には、両院協議会を開く必要はなく、衆議院の議決が国会の議決となる（67条２項、国会法86条）。

正解は3

問題　参議院の緊急集会に関する記述として、妥当なものはどれか。

1．参議院の緊急集会は、衆議院が解散され臨時会が召集されるまでの間、又は国会を召集する暇がない場合に限り召集できる。

2．参議院の緊急集会は、国に緊急の必要がある場合において、国会の代行機能を果たす制度であるから、国会の権能に属する事項全てに及び、憲法改正の発議もできる。

3．参議院の緊急集会の要求権は内閣にあり、内閣は集会の期日を定め、案件を示して、内閣総理大臣から参議院議長に請求し、議長はこれを各議員に通知し、議員は指定された集会の期日に参議院に集会する。

4．参議院の緊急集会中の参議院議員には、免責特権は認められるが、国会の会期中とはいえないことから不逮捕特権は認められていない。

5．参議院の緊急集会においてとられた措置は臨時的なものであり、次の国会開会中に国会の同意がない場合には、過去に遡って失効する。

1．妥当でない。緊急集会は、衆議院が解散されて総
選挙が施行され、特別会が召集されるまでの間に、
国会の開会を要求する緊急の事態が生じたときに、
それに応えて国会を代行する制度である。

2．妥当でない。前半は正しいが、憲法改正発議はできないと
解されている。緊急集会の性格から、そこで取り得る措置
は緊急必要な事項に限られるし、緊急集会の要求権が内閣
にのみ与えられていることから、参議院は内閣から示され
た案件及びそれと関連する事項についてのみ権能を行使で
きると一般に解されている。

3．妥当である。国会法99条。国会の召集と異なり、天皇の国
事行為とはされていない。

4．妥当でない。免責特権は51条によって参議院の緊急集会中
の参議院議員にも認められる。不逮捕特権に関する憲法の
規定は、「国会の開会中」となっているが、国会法100条は、
緊急集会中の参議院議員にも不逮捕特権を認めている。

5．妥当でない。次の国会開会の後10日以内に衆議院の同意が
ない場合には、その効力を失う。「その効力を失う」の意
味については、一般には「将来に向かって失う」の意味で
あると解されている。

正解は 3

問題　憲法の定める内閣の権能に関する記述として、妥当なものはどれか。

1. 内閣は、最高裁判所の長たる裁判官を任命する場合、国会の承認を経ることを必要とする。

2. 内閣は、条約を締結する場合、国会の承認を経ることを必要とせず、自らの責任で行うことができる。

3. 内閣は、法律の委任がある場合に限って、政令を制定することができる。

4. 内閣は、恩赦を決定する権能を有するが、恩赦は立法権及び司法権の作用を変動させる効果をもつことから、決定に当たっては、国会及び最高裁判所の承認を経ることを必要とする。

5. 内閣は、政令を制定する場合、全て主任の国務大臣が署名し、内閣総理大臣が連署することを必要とする。

解説

内閣の権能に関する問題である。

1．妥当でない。最高裁判所の長たる裁判官は、内閣の指名に基づき、天皇が任命する（6条2項）。いずれにせよ、国会が関与することはない。

2．妥当でない。条約の締結については、事前に、時宜によっては事後に、国会の承認を経ることを要するとされている（73条3号ただし書）。

3．妥当でない。内閣は、憲法及び法律の規定を実施するため、政令を制定することができる（73条6号）。国会を唯一の立法機関とし、明治憲法下の緊急勅令や独立命令は禁止されるが、法律の委任を受け、あるいは法律を執行するために必要な政令（委任政令、実施政令）について内閣に制定権限を認めたものである。

したがって、法律の委任がなくとも政令を制定することはできるが、政令に罰則を設けることができるのは法律の委任がある場合に限られている。

4．妥当でない。恩赦（大赦、特赦、減刑、刑の執行の免除及び復権の総称）は、立法権及び司法権の作用の効果を行政権者の判断で変動させるものであり、権力分立の例外をなす。そのため、恩赦は立法権及び司法権の作用を不要・不当に侵害しないだけの合理的な理由に基づいて行わなければならない。こうした判断から、恩赦は内閣の決定事項であるが、恩赦の種類の内容と手続については法律が制定されている（恩赦法）。なお、恩赦には天皇の認証が必要である（7条6号）。

5．妥当である。74条。政令は主任の大臣が案を添えて内閣総理大臣に提出して閣議を求め、その決定を経て、主任の大臣が署名し、内閣総理大臣が連署し、天皇が公布する。

正解は5

憲法に定める内閣総理大臣の地位及び権能に関する記述として、妥当なものはどれか。

1. 内閣総理大臣は、必ず衆議院議員の中から、国会の議決によって指名されることとなっており、この指名は、他の全ての案件に先立って行うこととされている。

2. 内閣総理大臣は、国務大臣を任命するが、その過半数は、必ず衆議院議員の中から選ばれなければならない。

3. 内閣総理大臣は、行政各部を指揮監督するが、これは内閣を代表して行うこととされており、判例も、内閣法の規定に従い、閣議にかけて決定した方針に基づいて行わなければならないと判示している。

4. 内閣総理大臣は、国務大臣を罷免することができるが、事前に衆議院及び参議院の議決を得なければならない。

5. 国務大臣は、その在任中、内閣総理大臣の同意がなければ訴追されないが、同意するか否かは内閣総理大臣の裁量に属しその適否は国会による政治的責任追及の対象となるにとどまる。

〔内閣総理大臣の地位〕

・明治憲法下における「同輩中の首席」とは異なり、内閣という合議体の組織者であり「首長」（66条1項）。

・国会議員の中から国会の議決による指名に基づいて天皇が任命する（6条1項、67条1項）（国会議員であることは任命要件であるとともに在職要件であると解されている）。

〔内閣総理大臣の権能〕

・国務大臣の任免権（68条）

・国務大臣の訴追に対する同意（75条）

・内閣の代表・行政各部の指揮監督（72条）
「内閣総理大臣は、内閣を代表して議案を国会に提出し、一般国務及び外交関係について国会に報告し、並びに行政各部を指揮監督する。」

・法律及び政令の署名及び連署（74条）

・閣議の主宰と総理大臣としての発案（内閣法4条）

・内閣総理大臣及び主任の国務大臣の代理の指定（内閣法9条、10条）

1．妥当でない。国会議員の中から指名される。

2．妥当でない。国務大臣の過半数は国会議員の中から選ばれなければならない（68条1項）。

3．妥当でない。判例は、閣議にかけて決定した方針が存在しない場合でも「少なくとも、内閣の明示の意思に反しない限り、行政各部に対し、随時、その所掌事務について一定の方向で処理するよう指導、助言等の指示を与える権限を有する」と解している（最高裁平7.2.22）。

4．妥当でない。事前の衆参議院の議決は不要。

5．妥当である。

正解は5

問題 **憲法に定める違憲審査権に関する記述として、妥当なものはどれか。**

1. 裁判所は、憲法保障の観点から、具体的事件の有無にかかわらず、抽象的に違憲審査権を行使することができる。

2. 違憲審査権の対象は、一切の法律、命令、規則又は処分とされ、条約は明記されていないが、判例は、条約に対する違憲審査の可能性を認めている。

3. 憲法には、違憲審査権の主体としては、最高裁判所しか明記されておらず、下級裁判所には違憲審査権が認められていない。

4. 違憲判決の効力は当該訴訟に限り及ぶとする個別的効力説に対しては、司法権に消極的立法作用を与えることになり妥当でないとの批判がある。

5. 憲法の最高法規性を確保するための憲法上の制度を、事前的予防制度と事後的匡正的制度に分類すると、違憲審査制は前者に当たる。

解説　司法権の分野においては違憲審査権に関する問題の出題頻度が高いように思われる。

〔違憲審査制のポイント〕

(1)　**違憲審査権の所在**：憲法は、81条により、最高裁判所を終審裁判所とする通常裁判所に違憲審査権を認めている。

(2)　**違憲審査権の根拠**：①憲法の最高法規性②基本的人権の保障の原理③三権が平等に併存すると考えるアメリカ的な三権分立思想。

(3)　**違憲審査権の性格**：付随的審査と解するのが通説・判例。理由は、①81条が司法の章に規定、②抽象的審査を認める積極的規定がない。

(4)　**付随的審査制の特質**

　　①憲法判断回避の準則：憲法判断は事件の解決に必要な場合以外は行わない。

　　②立法事実を踏まえた判断

(5)　**違憲審査の主体と対象**：主体は最高裁に限らず、下級裁判所も違憲審査権を行使できることに留意。対象は、「一切の法律、命令、規則又は処分」（条約は明記されていないが、判例は条約に対する違憲審査の可能性を認めている）。

(6)　**違憲判断の方法と効力**：法令違憲と適用違憲がある。効力については一般的効力説、個別的効力説、法律委任説がある。個別的効力説が有力。

１．妥当でない。付随的審査制と考えるのが通説・判例。

２．妥当である。

３．妥当でない。下級裁判所も違憲審査権を行使できる。

４．妥当でない。一般的効力説に対する批判である。

５．妥当でない。違憲審査制は、事後的匡正的制度である。

正解は2

問題 司法権の独立に関する記述として、妥当なものはどれか。

1. 司法部の内部においては、最高裁判所長官は、具体的事件の裁判について、担当裁判官を指揮監督することができる。

2. 司法権の独立の例外として、衆議院及び参議院は、現に裁判所に係属中の事件に関して、国政調査権に基づいて、司法権に類似する調査を行うことができる。

3. 最高裁判所長官は、心身の故障のために職務を執ることができないと認めた裁判官を、内閣の同意を得て罷免することができる。

4. 下級裁判所の裁判官は、内閣の指名した者の名簿によって、最高裁判所が任命する。

5. 憲法は、裁判官の懲戒処分は専ら裁判所によって行われるものとしていると解され、これを受け、裁判所法は、「裁判官は、…裁判によって懲戒される」と規定している。

解説 憲法が定める司法制度の特徴の１つが「司法権の独立」の強化であり、出題頻度も高い。

〔意義と根拠〕

　公正な裁判により人権保障が確保されるためには、裁判官が、独立し、公正無私の立場で職責を果たすことが必要。そのために認められてきたのが「司法権の独立」で、その根拠としては、①司法権の非政治的権力性、②司法権の国民の権利保護の職責が挙げられる。

〔内容〕

①広義の司法権の独立＝立法権・行政権からの独立

②裁判官の職権行使の独立（76条３項）

　←裁判官の身分保障（78条等）や司法部の自主性を確保する諸制度（下級裁判所裁判官の指名、規則制定権、行政機関による裁判官の懲戒処分の禁止等）が側面から司法権の独立を強化している。

1. 妥当でない。職権行使の独立は、他者からの指示・命令及び事実上の干渉を受けないことを意味し、他者には、司法部の外部のみならず、司法部の内部もある。

2. 妥当でない。肢のような並行調査は、司法権の独立との関係で国政調査権の限界であると解されている。

3. 妥当でない。「裁判官は、裁判により、心身の故障のために職務を執行することができないと決定された場合を除いては、公の弾劾によらなければ罷免されない」（78条前段）とされている。

4. 妥当でない。最高裁判所の指名した者の名簿によって内閣が任命する（80条１項）。

5. 妥当である。憲法78条後段は、行政機関による懲戒を禁止しているが、その趣旨は、立法機関による懲戒についても該当すると解されている。

正解は5

第4　財政

　憲法に定める租税法律主義に関する記述として、妥当なものはどれか。

1. 租税法律主義とは、あらたに租税を課するには、法律又は法律の定める条件によることを必要とするというものであり、既に課されている租税を変更する場合には及ばない。

2. 租税とは、国が、特別の役務に対する反対給付として、国民から強制的に徴収する金銭給付のことをいう。

3. 地方公共団体が住民から徴収する地方税については租税法律主義の趣旨は及ばないとされ、地方税は、法律ではなく、条例に基づいて課される。

4. 租税法律主義とは、租税に限り適用されるため、国が国権に基づいて徴収する課徴金は、法律又は国会の議決によることなく、命令で定めることができる。

5. 租税法律主義とは、納税義務者、賦課物件、税率等の課税要件と税の賦課徴収の手続は、法律で定めるとするものである。

解説 憲法は、行政権の主体は内閣であると定める一方で、財政について特に一章を設け、国会のコントロールを強く認めている。

〔財政民主主義〕（83条）

国の財政を処理する権限は、国会の議決に基づいて、行使しなければならない。

〔租税法律主義〕（84条）

代表なければ課税なしという政治原理に由来。新たに租税を課し、又は現行の租税を変更するには、法律又は法律の定める条件によらなければならない。

　　租税：国又は地方公共団体が、その課税権に基づいて、その使用する経費に充当するために強制的に徴収する金銭給付で反対給付の性質をもたないもの（もっとも、形式的に租税でなくとも国民に対して強制的に賦課される金銭は、租税法律主義の趣旨から国会の議決が必要と解されている。財政法3条）。

　　法定を要する事項：判例は、納税義務者、課税物件、課税標準、税率等の課税要件と税の賦課徴収の手続としている（最高裁昭30.3.23）。

1．妥当でない。現行の租税を変更する場合にも租税法律主義が及ぶ。

2．妥当でない。租税は反対給付の性質をもたない。

3．妥当でない。地方税については、租税条例主義といわれ、議会の定める条例によらなければならない。これは租税法律主義の趣旨を踏まえたものである。

4．妥当でない。租税法律主義の適用は、形式上の租税に限られない。

5．妥当である。

正解は5

問題　行政行為の効力に関する記述として、妥当なものはどれか。

1．行政行為の執行力とは、行政行為により命ぜられた義務を相手方が履行しない場合に、行政庁が、裁判の判決を得ることなく、義務の履行を強制し義務の内容を実現することができる効力をいい、法律上の根拠なく、当然に認められる。

2．行政行為の不可争力とは、法定の不服申立期間を経過すると、無効の行政行為である場合でも、何人もその効力を争うことができない効力をいう。

3．行政行為の公定力とは、正当な権限を有する機関が当該行政行為を取り消すまでは、取消し得べき瑕疵がある行政行為であっても、相手方その他の関係人を拘束するという効力をいう。

4．行政行為の不可変更力とは、行政庁自身が行政行為を変更することができないという効力をいうが、審査請求の裁決などの紛争裁断作用として行われる行政行為についてこの効力は認められない。

5．行政行為の拘束力とは、行政行為がその内容に応じて相手方を拘束する効力をいうが、当該行政行為を行った行政庁にはその効力は及ばない。

〔行政行為の効力〕

①**拘束力**：行政行為がその内容に応じて相手方と行政庁の双方を拘束する効力

②**公定力**：行政行為が仮に違法であったとしても、当然に無効の場合（重大明白な瑕疵がある場合）は別として、正当な権限をもつ機関によって取り消されるまでは、相手方その他の関係人を拘束する効力

③**執行力**：行政行為の内容を行政庁が自らの手で実現しうる効力（自力執行力）。裁判所に訴えることなく、行政行為自体を債務名義として、自力で履行の強制をすることができる（ただし、履行強制自体の法律上の根拠が必要）。

④**不可争力**：一定期間のうちに不服申立や訴訟を提起しなければ、期間の経過により、行政行為の相手方はその違法を争えなくなるという効力（形式的確定力）

⑤**不可変更力**：行政庁自身による行政行為の職権取消しや変更をできなくする効力。紛争裁断作用として行われる行政行為（審査請求の裁決等）について認められる。

　（注）全ての行政行為に一律に認められるものではない。

1．妥当でない。法律上の根拠が必要である。

2．妥当でない。無効の行政行為は何人もその効力を否定することができ（公定力がない）、その主張に期間制限はない。

3．妥当である。

4．妥当でない。不可変更力は、紛争裁断作用として行われる行政行為について、例外的に認められる効力である。

5．妥当でない。拘束力は、相手方と行政庁の双方を拘束する効力である。

正解は 3

181

行政法

第1 行政行為―― 2 行政行為の分類

> **問題** 行政行為の学問上の分類に関する記述として、
> 妥当なものはどれか。

1. 行政行為は、それに対する法の拘束の程度によって、法律
  行為的行政行為と準法律行為的行政行為とに分けられる。

2. 許可とは、一般的な禁止を特定の場合に解除し、適法に一
  定の行為をなすことを可能とする行為をいい、例として、
  自動車運転の免許、風俗営業の許可などがある。

3. 認可とは、特定人のために新たな権利を設定し、新たな法
  的地位を与える行為をいい、設権行為ともいう。

4. 代理とは、第三者のなすべき行為を行政主体が行い、当該
  第三者が行ったのと同じ効果を生じさせる行為をいい、準
  法律行為的行政行為の1つである。

5. 確認とは、特定の事実又は法律関係の存在を公に証明する
  行為をいい、選挙人名簿の登録や各種証明書の交付などが
  これに当たる。

〔行政行為の分類〕

解説

(1) 法効果の内容からする分類

　　法律行為的行政行為：その内容が意思表示を要素とし、法効果の内容が行政庁の意思によって定められる行為。

　更に、命令的行為（下命・許可・免除）と形成的行為（特許・認可・代理）に分類される。

準法律行為的行政行為：判断・認識などの意思表示以外の判断作用の徴表を要素とし、行政庁の意思とは無関係に法の規定によって一定の効果が付与される行為(確認・公証・通知・受理)。

(2) その他の分類

　・授益的行政行為と侵害的行政行為

　・要式行為と不要式行為

　・羈束行為と裁量行為　　　　　　　等

1. 妥当でない。法の拘束の程度による分類は、羈束行為と裁量行為である。

2. 妥当である。許可は国民が本来有する自由を回復させるものである。よって、無許可の行為が当然に無効となるわけではないとされる。

3. 妥当でない。肢は、特許の説明である。認可とは、第三者の行為を補充して、その法律上の効力を完成させる行為のことで、補充行為ともいう。電気・ガスなどの料金の認可などがその例である。

4. 妥当でない。代理は法律行為的行政行為である。

5. 妥当でない。肢は、公証の説明である。確認とは、特定の事実や法律関係の存否を公の権威をもって確認し、認定する行政行為であり、所得額の更正・決定や当選人決定などがその例である。

正解は 2

行政行為の附款に関する記述として、妥当なものはどれか。

1. 行政行為の附款は、法令が行政行為に付することができると明記する場合に限り付すことができる。

2. 行政行為の附款の内容は、当該行政行為の目的を達成するために必要であれば、何らの制限を受けることなく付すことができる。

3. 行政行為が行政庁の裁量が認められない羈束行為であっても、行政行為の効力に影響を及ぼさない負担のような附款であれば、付すことができる。

4. 期限とは、行政行為の効果を発生確実な将来の事実にかからせる意思表示をいい、期限の到来によって行政行為の効果を生じさせる始期と、期限の到来によって行政行為の効果を消滅させる終期とがある。

5. 行政行為の附款に不服のある者は、取消訴訟において、当該附款のみの取消しを求めることはいかなる場合でも許されないとされている。

解説

〔附款の意義〕

　行政行為の効果を制限したり、特別な義務を課すため、行政行為の主たる内容に付加される附帯的な定め

（注）行政庁の意思によって付される。法定附款とは区別される。

〔附款の種類〕

①条件、②期限、③負担、④撤回権の留保、⑤法律効果の一部除外

〔附款が認められる場合〕

①附款を付し得ることを法令が明文で定めている場合

②裁量行為について、その裁量の範囲内にある場合

　（注）羈束行為には附款を付すことはできない。

〔附款の限界〕

・行政目的との関係で必要最小限のものであること。

・比例原則に反しないこと。

〔違法な附款〕

・無効となり、又は取り消し得ることとなる。

・附款が行政行為の重要な要素でないなど行政行為本体と附款とを切り離すことが可能である場合には、附款だけの効力を争うことができる。附款と本体行政行為とが不可分一体の場合は行政行為全体の取消しを争うべきで、附款だけの取消しを求めることはできない。

1．妥当でない。法令に明文で定めていなくとも、裁量行為にはその裁量の範囲内で附款を付すことができる。

2．妥当でない。附款の内容には限界がある。

3．妥当でない。羈束行為には附款を付すことはできないと解されている。

4．妥当である。

5．妥当でない。附款が行政行為本体と切り離しが可能である場合には許される。

正解は4

問題　行政行為の瑕疵に関する記述として、妥当なものはどれか。

1．行政行為には公定力があり、瑕疵が重大かつ明白である場合であっても行政行為は有効とされ、権限のある機関が正式に取り消さない限り、当該行政行為は無効とはならないとされる。

2．行政行為に手続上の瑕疵があれば、その瑕疵が処分の内容に影響を及ぼし得る性質のものでなくとも、取消事由又は無効事由となる。

3．瑕疵により取消原因を有する行政行為が、正当な権限ある行政庁によって取り消された場合、当該行政行為は将来に向かって効力を失う。

4．行政行為は、一般に不要式行為であるが、書面による処分が法定されている場合には、書面によらない処分はその効力を生じない。

5．瑕疵ある行政行為は、その後の事情の変化によって欠けていた要件が実質的に充足され、取り消すには値しないと考えられる場合であっても、当該行政行為を適法に扱う余地はない。

〔行政行為の瑕疵とは〕

解説　　法令に違反する行政行為及び公益に反する不当な行政行為は行政行為として完全な効力を生じないものであり、このような状態を「行政行為の瑕疵」という。

〔行政行為の瑕疵の態様〕

①無効原因となる瑕疵。行政行為は無効。

②取消原因となる瑕疵であり、行政行為を違法とするもの。職権取消し、不服申立て及び取消訴訟の対象。

③取消原因となる瑕疵ではあるが、行政行為を不当とするだけのもの。職権取消し及び不服申立ての対象。取消訴訟の対象ではない。

④無効・取消しの両方の原因にならないような瑕疵。

〔行政行為が無効となる基準〕

瑕疵が重大かつ明白である場合（重大明白説）

〔行政行為の取消しの効果〕

取消しの効果は行為時に遡り、はじめから行政行為がなかったものとされる（遡及効）。

〔瑕疵の治癒と違法行為の転換〕

違法の程度が軽微で取り消すことによって法的安定性を害するような場合やその後の事情の変化で実質的に瑕疵が是正されたような場合には、有効な行政行為と扱う（瑕疵の治癒）。また、瑕疵ある違法な行政行為を別個の行為とみて有効なものと扱う（違法行為の転換）。

1．妥当でない。重大明白な瑕疵がある場合は無効。

2．妥当でない。無効・取消しの原因にならない瑕疵もある。

3．妥当でない。取消しの効果は遡及効である。

4．妥当である。

5．妥当でない。瑕疵の治癒により適法な行政行為と扱われることがある。

正解は4

問題
行政行為の取消し及び撤回に関する記述として、妥当なものはどれか。

1. 行政行為の取消しは、法律の要件に反して違法に成立した行政行為について行われ、行政行為の撤回は、裁量権の行使を誤って違法に成立した行政行為について行われる。

2. 行政行為の取消し及び撤回の効果は、いずれも取消し及び撤回をした時点よりも将来に向かってのみ生じる。

3. 法律の要件に反して違法な行政行為を行った処分庁は、当該行政行為が私人に対し権利、利益を与えるものであった場合でも、必ず取り消されなければならない。

4. 行政行為の撤回は、原則として、監督庁が行うこととされており、当該行政行為を行った処分庁自らが行うことは認められていない。

5. 行政行為の撤回は、私人に対し義務その他の不利益を課す行政行為については、原則として、自由に行うことができる。

解説

〔行政行為の取消し〕
・行政行為がその成立当初から瑕疵を有する場合に、
それを理由にその行政行為の効力を消滅させること。
・取消しの効果は遡及効。
・取消しは正当な権限をもった裁判所又は行政庁が行う。
・瑕疵の治癒や違法行為の転換が認められる場合があることに
注意。
・瑕疵ある行政行為が侵害的行政行為である場合は、行政庁の
職権による取消権の行使に制限はないが、授益的行政行為で
ある場合には相手方の信頼保護や法的な安定性の観点から取
消権の行使は制限される。

〔行政行為の撤回〕
・有効に成立した行政行為の効力を、その発生後に新たな事情
を理由として、将来に向かって消滅させること。
・撤回を行うことができるのは、撤回される行政行為を行った
処分庁に限られ、法令に別段の定めがない限り、上級の監督
庁が撤回することはできない。
・撤回の効果は将来効。
・行政庁は、侵害的行政行為の場合には自由に撤回できる。し
かし、授益的行政行為の場合には、相手方の信頼保護の必要
性などから撤回権は制限されるべきだと考えられるように
なってきている。
1．妥当でない。取消しは行政行為が成立当初から瑕疵を有す
る場合であり、撤回は有効に成立した行政行為についての
場合である。
2．妥当でない。取消しは遡及効。
3．妥当でない。授益的行政行為についての取消権の行使は制
限される。
4．妥当でない。撤回は処分庁が行う。
5．妥当である。

正解は5

第2　行政立法

 行政立法に関する記述として、妥当なものはどれか。

1. 行政立法は、行政機関が法条の形式で一般的な定めをするものであり、全て国民の権利義務に影響を及ぼす効力を有している。

2. 現行憲法下では、法規命令として、執行命令、委任命令のほか、行政権によって法律とは関係なく独自に立法することができる独立命令が認められている。

3. 行政規則は、行政権の定立する一般的な定めで法規の性質を有しないものをいうが、裁判所はこれに拘束され、また、裁判基準として用いることができる。

4. 政令は、憲法において、憲法及び法律の規定を実施するために定めるものであると明記されており、政令には、法律の規定を実施するため必要なものであれば、法律の委任がない場合でも、罰則を設けることができる。

5. 通達は、上級行政機関が下級行政機関に対して発する行政規則であり、私人の権利義務に影響を及ぼす効力をもたない。

解説

〔行政立法とは〕

　　　行政機関が一般的・抽象的な規範を定めること、あるいはそれにより定められた規範のこと。

　具体的には、内閣が制定する政令、内閣府の長たる内閣総理大臣が制定する内閣府令、各省大臣が制定する省令、外局である委員会や各庁の長官が制定する規則。

〔行政立法の種類〕

　国民の権利義務に影響を及ぼす効力をもつかどうかによって、法規命令と行政規則に分けて説明される。

　法規命令：国民の権利義務に影響を及ぼす効力をもつ法規を内容とする。国会を唯一の立法機関とする憲法下においては、委任命令と執行命令のみが認められる（独立命令は認められない）。法規命令は法律に違反することはできず、法律を変更・廃止するような効力をもち得ない。違法な法規命令は無効。

　行政規則：行政機関が定立する定めではあるが、国民の権利義務に関係しないもの。法規としての性格を有しない。法律の根拠なく定めることができる。裁判所はこれに拘束されず、これを裁判基準として用いることはできない。取消訴訟の対象にならない。①行政事務の内部分配に関するもの、②各行政機関に対して示す行政事務の処理基準に関するもの、③補助金の交付規則、④行政指導の基準等がある。形式としては、訓令、通達、要綱などがある。

1．妥当でない。国民の権利義務に関係しない行政立法として、行政規則がある。
2．妥当でない。独立命令は認められない。
3．妥当でない。裁判所は拘束されない。
4．妥当でない（憲法73条6号ただし書）。
5．妥当である。

正解は5

191

行
政
法

第3　行政指導

> **問題** 行政指導に関する記述として、妥当なものはどれか。

1. 国民の活動を助成しようとする行政指導には法律の根拠は不要であるが、正規の権限を発動する前に相手方の活動を規制する目的で行う行政指導には常に法律の根拠が必要とされる。

2. 行政指導は、相手方に対して強制力をもつものではないので、行政機関がその任務又は所掌事務の範囲を超えて行うことも許される。

3. 行政指導は、その機能面から規制的行政指導、助成的行政指導、調整的行政指導に分類されるが、1つの行政指導が複数の機能を有することはできない。

4. 平等原則や比例原則などの法の一般の原則に反する行政指導は許されず、程度を超えた公務員の退職勧奨は不法行為を構成することがある。

5. 法律上「勧告」とされているものは、行政指導に分類され行政処分には当たらないので、これについて最高裁判所が取消訴訟を認めたことは一度もない。

〔行政指導の定義〕

　　行政手続法は、「行政機関がその任務又は所掌事務の範囲内において一定の行政行為を実現するため特定の者に一定の作為又は不作為を求める指導、勧告、助言その他の行為であって処分に該当しないもの」と定義している。事実上の行為であり、非権力的な行政活動。これに従うかどうかは受ける側の任意。

〔行政指導の種類〕

　　①規制的行政指導、②助成的行政指導、③調整的行政指導

〔行政指導の課題と行政手続法〕

　　行政指導を受ける側は、行政指導に従わないと他の事柄で行政機関から規制される不安があり、事実上の心理的強制力をもっている。行政手続法は、①行政指導の任意性、②行政指導に従わなかったことを理由とする不利益取扱いの禁止等を定めている。

〔法律の根拠の必要性と限界〕

　　通説・判例は、法律の根拠不要と解している。しかし、法律の趣旨・目的に反するもの、平等原則・比例原則に反するもの、相手方を強制するものは許されない。

1. 妥当でない。規制目的であっても、行政指導に法律の根拠は不要と解されている。

2. 妥当でない。行政手続法は「当該行政機関の任務又は所掌事務の範囲を逸脱してはならない」と規定している。

3. 妥当でない。例えば、建築主と近隣住民の間の紛争解決・調整のための行政指導は、規制的かつ調整的である。

4. 妥当である。最判昭55年7月10日。

5. 妥当でない。基本的には、行政指導に処分性はなく、取消訴訟の対象外であるが、最判平成17年7月15日は、医療法に基づく病院開設中止「勧告」について取消訴訟を認めている。

正解は4

第4 行政契約

 問題 行政契約に関する記述として、妥当なものはどれか。

1. 行政契約は、行政主体が行政目的達成の手段として締結する契約であり、締結には、必ず法律の根拠が必要である。

2. 行政契約では、契約当事者の双方が行政主体である場合を公法上の契約といい、当事者の一方が私人である場合を私法上の契約という。

3. 行政主体と私人との間で締結される行政契約については、行政手続法の規定により、契約自由の原則に修正が加えられている。

4. 給付行政分野における生活必需的なサービスの提供は、公平かつ確実に行われる必要があるが、行政主体に行政契約の締結を義務付けることは認められない。

5. 規制行政の分野においては、基本として行政行為の形式が採用されるが、行政契約の形式が採用されることもある。

〔意義〕

解説　　行政主体をその一方又は双方の当事者とする契約。
地方公共団体から水道水の供給を行う場合の給水契約、
国や地方公共団体の普通財産の売り買いや土地収用道路等の建
設の際の用地買収等の売買契約。

〔給付行政における契約〕

(1) 給付行政の分野では契約方式が基本。例えば国・地方公共
　　団体が経営する病院、交通機関、公共住宅などの公企業・公
　　物の利用関係。ただし、補助金の交付、社会保険給付など行
　　政行為の形式がとられるものもある。

(2) 平等原則の要請から、差別的取扱いは禁止。契約は行政の
　　定める供給条件に即して締結される附合契約の形態が通常。
　　水道など生活必需的なサービス提供については、契約強制が
　　なされ、供給継続義務が課される。

〔規制行政における契約〕

　　規制行政の分野は行政行為が基本。ただし、規制行政の分野
においても理論上契約方式が採用できないわけではない。例え
ば、公害防止協定がある。事業者に公害防止措置を契約させる
ことを内容とする地方公共団体と事業者の間で締結された協定
であり、これを有効とする考え方が有力である。

1．妥当でない。行政契約の締結に法律の根拠は不要。

2．妥当でない。契約当事者の違いによって行政契約を区分す
　　ることはしない。

3．妥当でない。行政手続法に行政契約の定めはない。

4．妥当でない。行政主体側に契約の締結を強制することが認
　　められる。

5．妥当である。公害防止協定などがある。

正解は 5

第5　行政上の義務履行確保

> **問題** 行政代執行法に定める代執行に関する記述として、妥当なものはどれか。

1. 代執行は、法律により直接命じられた義務に限らず、法律の委任に基づく命令及び規則によって命じられた義務を義務者が履行しない場合にも、行うことが認められる。

2. 代替的作為義務について義務者がこれを履行しない場合、その不履行を放置することが著しく公益に反すると認められるときは、たとえ他の手段によって履行を確保することができる場合であっても、代執行を行うことができる。

3. 行政庁は、代執行を行う場合、自ら義務者のなすべき行為をしなければならず、第三者にその行為をさせることは認められていない。

4. 行政庁は、非常の場合又は危険が切迫している場合であっても、代執行を行うことを義務者にあらかじめ通知する必要があり、その通知をした場合に限り、代執行を行うことができる。

5. 行政庁は、代執行に要した費用については、民事訴訟を提起して債務名義を取得した上で、本来の義務者から徴収することができる。

〔行政上の義務履行確保の類型〕

①行政強制：国民が義務を履行しない場合に、行政機関が、義務履行を強制するために実施。

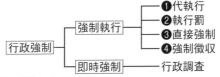

②公表制度等（新たな制度）

③行政罰：行政上の義務違反に対する制裁として課される罰。威嚇効果による間接的な義務履行確保の手段。

〔代執行制度〕

(1) **意義**：代替的作為義務に関する強制手続。代執行の一般法は「行政代執行法」。①法令や行政行為により命ぜられた代替的作為義務の義務者が履行しない場合に、②他の手段による履行確保が困難でありかつその不履行の放置が著しく公益に反すると認められるとき、③当該行政庁は自ら又は第三者をして、義務を履行し、④その費用を義務者から徴収

(2) **手続**：戒告→通知→代執行→費用の納付命令→費用徴収（国税滞納処分手続の例により強制徴収）

(3) **救済制度**：戒告・通知は取消訴訟の対象。代執行手続終了で訴えの利益なし。その後は国賠訴訟による救済。

1．妥当である。

2．妥当でない。他の手段による履行確保が困難である場合に代執行ができる。

3．妥当でない。第三者をして義務を履行させることもできる。

4．妥当でない。非常の場合又は危険切迫の場合において、戒告・通知の手続をとる暇がないときは、その手続を経ないで代執行できる（行政代執行法3条3項）。

5．妥当でない。国税滞納処分手続の例により強制徴収できる。

正解は 1

行政法

第6 行政罰

> **問題** 行政罰に関する記述として、妥当なものはどれか。

1. 行政罰は、義務者が行政上の義務の履行をしないときに、権利者たる行政主体が、自らの手で、義務履行の実現を図る制度である。

2. 行政罰は、刑事罰と異なり、罰の対象となる行為が反社会的及び反道義的な性質を有しないことから、刑法総則が適用されることはない。

3. 行政刑罰は、両罰規定の形式で、違反行為者だけでなく、その使用者や事業主も併せて処罰すると定められていることがある。

4. 行政刑罰と秩序罰である過料は、いずれも行政罰であって、両者を併科することはできないと解されている。

5. 行政刑罰は、裁判所によって科されるが、行政上の秩序罰は、地方公共団体の長によって科されるものであり、裁判所によって科されることはない。

〔行政罰の意義〕

解説　行政上の過去の義務違反に対する制裁として科される罰で、その威嚇効果によって間接的に行政上の義務履行を確保する手段であるともいえる。

〔行政罰の種類〕

①行政刑罰

・行政上の義務違反に対して科される刑罰。

・行政刑罰を科せられる義務違反は「行政犯」という。

・裁判所が刑事訴訟法の定めによって処理する。

・刑法総則が適用される。

・両罰規定（違反行為者だけでなくその使用者や事業主も処罰するという規定）が多く見られる。

②行政上の秩序罰（過料）

・形式的で軽微な義務違反に対して科される過料。

・刑罰ではなく、刑法総則、刑事訴訟法の適用なし。

・法令に基づく過料は非訟事件手続法の定めにより裁判所が科す。地方公共団体の条例・規則等に対する過料はその長が行政処分として科す。

（注）判例は、行政刑罰と過料の併科について、目的、要件等を異にしており、可能とする（最判昭39.6.5。過料には行政上のものと司法上のものがあるが、後者についての判断）。これを受けて、行政上の過料も併科可能と解されている。

1．妥当でない。肢は、執行罰の説明。197頁参照。

2．妥当でない。行政罰のうち、行政刑罰は刑罰であり、刑法総則が適用になる。

3．妥当である。

4．妥当でない。上記（注）参照。

5．妥当でない。過料であって法令に基づくものは、非訟事件手続法の定めにより、裁判所が科する。　**正解は3**

> **問題** 損失補償に関する記述として、妥当なものはどれか。

1. 損失補償は、行政庁が公共の事業の用に供するため、私人の財産権を収用又は制限した場合に、受益者を特定し、その負担で損失を補償する制度である。

2. 損失補償は、適法な公権力の行使により損失を受けた者だけでなく、違法な公権力の行使により損失を受けた者も請求することができる。

3. 損失補償を請求するためには、法律に損失補償の規定が定められている必要はなく、直接憲法の規定に基づいて請求することができる。

4. 損失補償は、損失を完全に補填するため、金銭補償の方法により支払われなければならず、代替地の提供や工事の代行により行うことはできない。

5. 公用収用に伴う損失補償については、合理的金額を補償すればよく、収用される権利の客観的価値の全額を補償しなくともよい。

解説 〔憲法29条3項〕
「私有財産は、正当な補償の下に、これを公共のために用いることができる。」

この規定は、公用収用に補償を必要とする具体的な法的効果を有している。最高裁も、財産上の損害を受けた者は、憲法29条3項を根拠に損失補償請求をする余地があると判示している（最大判昭43.11.27）。

〔損失補償の要否〕

国・公共団体の適法な行為により特別の犠牲が生じた場合に補償が必要であり、「特別の犠牲」とは、

・侵害行為の対象が平等原則に反する個別的な負担であり（形式的基準）、かつ、

・侵害行為が社会生活において一般に要求される受忍限度をこえるほど本質的な制約（実質的基準）

である場合

〔損失補償の内容＝正当な補償とは〕

①通常の公用収用の場合：収用される財産権の客観的価値の全額を補償（完全補償）。

②戦後の農地改革などの社会改革の場合には、公正な算定の基礎に基づき算出された合理的金額を補償すればよい（相当補償）。

1．妥当でない。受益者負担ではない。

2．妥当でない。損失補償は、適法な行為により生じた損失を補填する制度である。

3．妥当である。

4．妥当でない。金銭補償を原則とするが、例外的に現物補償の方法によることができる。

5．妥当でない。財産権の客観的価値の全額を補償する。最判昭48.10.18。

正解は 3

第8 国家賠償

 問題　国家賠償法に定める公権力の行使に基づく損害賠償責任に関する記述として、妥当なものはどれか。

1. 公権力の行使に当たる公務員とは、公務員の身分を有する国家公務員や地方公務員に限られ、行政権能の委任を受けた民間人は該当しないとされる。

2. 損害賠償責任を発生させる公務員の行為は、職務上の行為に限られず、客観的にみて職務行為の外形を備えている行為も含まれる。

3. 損害賠償責任は、公権力の積極的な行使による侵害があった場合に認められ、不作為により損害を生じさせた場合は成立の余地がないとされる。

4. 公共団体が損害賠償をした場合、違法な加害行為を行った公務員に故意又は過失があったときは、当該公共団体は当該公務員に対して、求償権を有する。

5. 最高裁判所は、国・公共団体が賠償責任を負う場合において、職務の執行に当たった公務員個人は、被害者に対して、国・公共団体と共同して責任を負うと判示した。

〔憲法17条〕

解説　「何人も、公務員の不法行為により、損害を受けたときは、法律の定めるところにより、国又は公共団体に、その賠償を求めることができる。」とし、広く国等の不法行為責任を認めている。→国家賠償法

〔国家賠償が認められる場合〕

(1) **責任の性質**：国・公共団体の代位責任と解するのが通説・判例。国家賠償責任が成立するには公務員個人に不法行為責任が成立していることが前提。

(2) **公権力の行使**：通説・判例は、権力的作用に限らず、行政指導、行政計画などの非権力的な作用も含み、不作為の場合も含むとする。

(3) **その職務を行うについて**：職務行為そのものではなくても、客観的にみて職務行為の外形を備えている行為も含まれる（外形主義）。

(4) **公務員の故意・過失**：公務員が職務上要求される標準的な注意義務に違反しているかどうかで過失の有無を判断される（抽象的過失）。過失の客観化。

(5) **加害行為と損害の発生及び相当因果関係**

〔公務員個人の責任〕

　公務員に故意又は重大な過失があったときは、国・公共団体は、その公務員に対して求償権を有する。なお、判例は、被害者による当該公務員個人に対する損害賠償請求を否定している（最判昭30.4.19）。

1．妥当でない。民間人であっても権力的な行政権限をゆだねられた者は国家賠償法の「公務員」に含まれる。弁護士会の懲戒委員の委員などが該当する。

2．妥当である。

3．妥当でない。公権力の行使には不作為の場合を含む。

4．妥当でない。重大な過失があったときである。

5．妥当でない。判例は、被害者による公務員個人に対する請求を否定している。　**正解は2**

第9　行政手続法

 問題　行政手続法に定める申請に対する処分に関する記述として、妥当なものはどれか。

1. 行政庁は、申請により求められた許認可等をするかどうかを判断するための審査基準を定めるものとされ、これを、原則として、公にしておかなければならない。

2. 行政庁は、申請が到達してから許認可等をするまでに通常必要とされる標準的な処理期間を定めなければならず、これを定めた場合、公表しなければならない。

3. 行政庁は、申請書に不備があるなど、形式的要件が欠けている場合には、必ず当該申請により求められた許認可等を速やかに拒否しなければならない。

4. 行政庁は、求められた許認可等を拒否する処分を書面でする場合には、その処分理由については、書面により示す必要はない。

5. 行政庁は、申請に対する許認可等に当たり、申請者以外の者の利害を考慮することが許認可等の要件となっている場合でも、客観的な判断を行う必要から、当該申請者以外の者の意見を聴くことは許されないこととされている。

〔行政手続法の対象・目的〕

解説　(1) **客観的対象**：規律する範囲は、申請に対する処分、不利益処分、行政指導、届出からスタートし、行政立法に係る命令等制定手続（意見募集手続）が追加。

　　（注）行政上の強制執行、即時強制、行政調査は対象外。

(2) **主観的対象**：地方公共団体の機関が行う処分及び地方公共団体の機関に対する届出のうち、国の法令を根拠とするものは適用対象。

　　（注）地方自治尊重の観点から、地方公共団体の条例・規則に基づく処分・届出は適用外。地方公共団体が行う全ての行政指導も適用外。

　　　　また、国の機関や地方公共団体及びその機関、独立行政法人等に対して行う処分も適用除外。

(3) **目的**：行政運営における公正の確保と透明性の向上

1．妥当である。申請に対する処分については、審査基準の設定（義務）・公表（原則義務）及び標準処理期間の設定（努力義務）・公表（義務）が求められる（5条、6条）。審査基準は、行政上特別の支障があるときを除き、公表しておかなければならない。

2．妥当でない。肢1の解説参照。標準処理期間の設定は努力義務。

3．妥当でない。申請に形式的不備があるときは、速やかに申請者に対し相当の期間を定めて補正を求めるか、又は許認可等を拒否しなければならない（7条）。

4．妥当でない。拒否処分を書面でするときは、理由は書面で示さなければならない（8条）。

5．妥当でない。行政庁は、申請者以外の者の利害を考慮すべきことが許認可等の要件とされているときは、その者の意見を聴く機会を設けるよう努めなければならないこととされている（10条）。

正解は 1

行政法

第10　情報公開等

> **問題**　行政機関の保有する情報の公開に関する法律に関する記述として、妥当なものはどれか。

1．情報公開制度の目的は、政府が主権者たる国民に行政運営を説明する責任を全うするためであるとともに、国民の知る権利を実現するためであると法律に明記されている。

2．開示請求の対象となる行政文書とは、文書の形で存在するものに限られ、電磁的記録は除外されている。

3．開示請求の対象となる行政文書とは、行政機関の職員が職務上作成し、又は取得し、決裁、供覧の手続を経たものとされている。

4．行政機関の長に対し、当該行政機関の保有する行政文書の開示を請求することができるのは、日本国民に限られないし、日本における居住も要件とはされていない。

5．開示請求に対し、行政機関の長が当該行政文書の存否を明らかにしないで当該開示請求を拒否することは、一切認められていない。

〔情報公開法〕

(1) **目的**：国民主権の理念にのっとり、国民の開示請求権を認めることで、政府の説明責務を全うする。

　（注）知る権利は明記されていない。

(2) **法の基本的構造**：国民の側から政府機関保有の情報の開示が求められたときに、当該機関は、当該情報が法定の不開示事由に当たらない限り、これを請求人に開示する。

(3) **対象機関**：国の行政機関

　（注）国会、裁判所、地方公共団体は対象ではない。

(4) **対象文書**：当該行政機関の職員が組織的に用いるものとして保有している文書（電磁的記録を含む）。

　（注）決裁・供覧の手続をとっていない文書でも対象。

(5) **開示請求**：何人も開示を請求できる。

(6) **開示義務**：行政機関は、不開示情報が含まれている場合を除き、開示しなければならない（原則開示の原則）。不開示情報が含まれているときは、行政機関の長は開示してはならない職務上の義務を負う。ある情報がある又はないというだけで不開示情報として保護する利益が害される場合には、存否を明らかにしないで開示請求を拒否できる。

〔個人情報保護法〕

　従来は自治体ごとに条例が定められてきたが、令和5年4月からは、自治体の機関（議会を除く）及び地方独立行政法人における個人情報保護についても国の個人情報保護法が適用される（この後も、自治体独自の規律の余地が一部ある）。

1．妥当でない。知る権利は法律に明記されていない。

2．妥当でない。電磁的記録を含む。

3．妥当でない。決裁、供覧の手続を経た必要はない。

4．妥当である。外国に居住する外国人も情報公開法によって日本政府の保有する情報の開示を請求できる。

5．妥当でない。存在を明らかにせずに拒否できる場合がある。

正解は4

第11　行政事件訴訟

 問題　行政事件訴訟法に定める取消訴訟に関する記述として、妥当なものはどれか。

1. 取消訴訟は、国又は公共団体の機関の法規に適合しない行為の是正を求める訴訟であり、法律上の利益の有無に関係なく、誰でも提起することができる。

2. 取消訴訟の被告は、処分又は裁決を行った行政庁とされている。

3. 取消訴訟は、処分又は裁決の日から1年を経過した場合には、いかなる理由があろうとも、提起することができない。

4. 取消訴訟においては、弁論主義を基本としているが、取消訴訟には「行政行為の適法性の保障」という機能があることから、裁判所が職権で証拠調べをすることが認められている。

5. 取消訴訟が提起された場合、行政庁は、対象となる処分の執行又は手続の続行を、判決が確定するまでの間、停止することが原則である。

解説

〔行政事件訴訟の類型〕
　抗告訴訟、当事者訴訟、民衆訴訟、機関訴訟

〔抗告訴訟の類型〕

　取消訴訟（処分取消しの訴え、裁決の取消しの訴え）、不作為の違法確認訴訟、無効等確認訴訟、義務付け訴訟、差止訴訟の5類型。

〔取消訴訟の概要〕

(1) **意義**：処分取消しの訴え＝行政庁の処分その他公権力の行為に当たる行為の取消しを求める訴訟。裁決の取消しの訴え＝審査請求その他の不服申立てに対する行政庁の裁決その他の行為の取消しを求める訴訟。

(2) **訴えの利益（広義）**

　　①**原告適格**：当該処分又は裁決の取消しを求めるにつき法律上の利益を有する者に限り提起できる。

　　②**訴えの利益（狭義）**：現実に法律上の利益の回復が得られる状況にあること。原状回復が事実上不可能な場合は訴えの利益はない。

(3) **被告適格**：当該処分をした行政庁又は当該裁決をした行政庁の所属する国又は公共団体（国又は公共団体に所属しない場合は当該行政庁。例えば処分権限を委任された指定法人など）。

(4) **出訴期間**は原則6か月。正当な理由がある場合は別。

(5) **審理**は弁論主義が原則だが、職権証拠調べが許容。

1．妥当でない。原告適格が必要。

2．妥当でない。処分又は裁決を行った行政庁の所属する国又は公共団体である。

3．妥当でない。出訴期間は6か月であり、正当な理由による例外も認められる。

4．妥当である。行政事件訴訟法24条本文。

5．妥当でない。執行不停止が原則である。行政事件訴訟法25条1項。

正解は4

コンパクト昇任試験基礎4法択一問題集
第4次改訂版　　　　　　　　Ⓒ　昇任試験法律問題研究会、2024年

2015年（平成27年）　9月28日　　初版第1刷発行
2017年（平成29年）　8月9日　　第1次改訂版第1刷発行
2019年（令和元年）　11月27日　　第2次改訂版第1刷発行
2022年（令和4年）　4月15日　　第3次改訂版第1刷発行
2024年（令和6年）　4月23日　　第4次改訂版第1刷発行

定価はカバーに表示してあります。

編　　　者　　昇任試験法律問題研究会
発　行　者　　大　田　昭　一
発　行　所　　公　　職　　研
〒101-0051
東京都千代田区神田神保町2丁目20番地
TEL03-3230-3701（代表）
03-3230-3703（編集）
FAX03-3230-1170
振替東京　6-154568
https://www.koshokuken.co.jp/

ISBN978-4-87526-447-7 C3031

落丁・乱丁は取り替え致します。　PRINTED IN JAPAN　　　　印刷　日本ハイコム㈱
ISO14001取得工場で印刷しました。

公職研図書案内

堤　直規 著

教える自分もグンと伸びる！ 公務員の新人・若手育成の心得

現職課長で、キャリアコンサルタント（国家資格）でもある著者が、忙しい毎日の中で新人・若手育成を進めるための実践的なポイントをずばり解説。入庁からの1年間、新人OJTの月別メニュー付き！　　　　定価◎本体1,700円+税

澤　章 著

自治体係長のきほん 係長スイッチ

押せば仕事がうまくいく！ 一歩先行く係長の仕事の秘けつ

「若手職員に覇気がない」「定時に帰れない」「女性係長としての心構えは？」…自治体の係長が直面する様々な課題や悩みを取り上げ、それを乗り越えるためのコツ＝「係長スイッチ」を伝授する一冊。　　　　定価◎本体1,350円+税

今村　寛 著

「対話」で変える公務員の仕事

自治体職員の「対話力」が未来を拓く

人を引きつける「対話」の魅力とは何か、なぜ「対話」が自治体職員の仕事を変えるのか、何のために仕事を変える必要があるのか―そんなギモンを「自分事」として受け止め、「対話」をはじめたくなる一冊。　　　　定価◎本体1,800円+税

阿部のり子 著

みんなで始めよう！公務員の「脱ハラスメント」

加害者にも被害者にもならない、させない職場を目指して

多様なハラスメントの態様を知り、センスを高め法的理解を深めて、自分も他人も加害者・被害者にならない・させないための必読書。現役公務員と3人の弁護士が解説。職場の実務に役立つヒントが満載。　　　　定価◎本体1,800円+税

佐藤　徹 編著

エビデンスに基づく自治体政策入門

ロジックモデルの作り方・活かし方

エビデンスによる政策立案（EBPM）・評価とは何かという【基礎】から、実際にロジックモデルを作成して、政策・施策に活用する【応用】まで。ロジックモデルを"学べる×使える"ワークシートのダウンロード特典付き。

定価◎本体2,100円+税